Chengshi Qiaoliang
Kangzhen Sheji Suanli

城市桥梁抗震设计算例

周 良 李建中 著

人民交通出版社股份有限公司
China Communications Press Co.,Ltd.

内 容 提 要

本书以我国《城市桥梁抗震设计规范》(CJJ 166—2011)颁布为背景,介绍了典型规则桥梁、非规则桥梁、曲线桥梁、大跨径连续梁桥和减隔震桥梁抗震设计算例。

本书可供从事桥梁结构设计的工程技术人员参考使用,也可供大专院校土木工程专业的学生学习参考。

图书在版编目(CIP)数据

城市桥梁抗震设计算例 / 周良,李建中著. — 北京:
人民交通出版社股份有限公司,2017.9
ISBN 978-7-114-14071-6

Ⅰ. ①城… Ⅱ. ①周… ②李… Ⅲ. ①城市桥—桥梁设计—防震设计 Ⅳ. ①U448.15

中国版本图书馆 CIP 数据核字(2017)第 191335 号

书　　名:	城市桥梁抗震设计算例
著 作 者:	周　良　李建中
责任编辑:	曲　乐　卢俊丽
出版发行:	人民交通出版社股份有限公司
地　　址:	(100011)北京市朝阳区安定门外外馆斜街 3 号
网　　址:	http://www.ccpress.com.cn
销售电话:	(010)59757973
总 经 销:	人民交通出版社股份有限公司发行部
经　　销:	各地新华书店
印　　刷:	北京鑫正大印刷有限公司
开　　本:	720×960　1/16
印　　张:	10.25
字　　数:	179 千
版　　次:	2017 年 9 月　第 1 版
印　　次:	2019 年 1 月　第 2 次印刷
书　　号:	ISBN 978-7-114-14071-6
定　　价:	49.00 元

(有印刷、装订质量问题的图书由本公司负责调换)

前言

近三十余年,全球发生了许多次大地震,造成了非常惨重的生命财产损失。在这几次大地震中,由于桥梁工程遭到严重破坏,切断了震区交通生命线,给救灾工作造成巨大困难,使次生灾害加重,导致了巨大的经济损失。大地震一再显示了桥梁工程破坏的严重后果,反映出桥梁结构地震的易损性。

自1976年唐山地震以后,我国开始系统地开展桥梁抗震研究,在1989年颁布了《公路工程抗震设计规范》(JTJ 004—89),2008年颁布了《公路桥梁抗震设计细则》(JTG/T B02-01—2008),2010年颁布了《城市桥梁抗震设计规范》(CJJ 166—2011)。与《公路工程抗震设计规范》(JTJ 004—89)相比较,《城市桥梁抗震设计规范》(CJJ 166—2011)取消了综合影响系数,修订了相应的设防标准和设防目标,采用了两水平设防、两阶段设计的抗震设计思想;增加了抗震分析建模原则和抗震分析方法等有关规定,补充了桥梁延性抗震设计和能力保护原则的有关规定,增加了延性构造细节设计的有关规定。

为了使广大桥梁工程技术人员熟悉应用《城市桥梁抗震设计规范》(CJJ 166—2011)进行抗震设计,上海市城市建设设计研究总院(集团)有限公司(简称上海城建总院)和同济大学作为该规范的编制单位,特编写城市桥梁抗震设计算例。

全书共有六章。第1章 城市桥梁抗震设计规范介绍,由上海城建总院的周良、闫兴非、朱敏负责撰写;第2章 规则桥梁抗震设计算例,由上海城建总院的周良,闫兴非,张涛负责撰写;第3章 非规则桥梁抗震设计算例,由上海城建总院的周良,张涛,张凯龙负责撰写;第4章 曲线桥梁抗震设计算例,由同济大学的李建中,管仲国,项乃亮负责撰写;第5章 大跨径连续梁桥抗震设计算例,由同济大学的李建中,管仲国,项乃亮负责撰写;第6章 减隔震桥梁设计算例,由同济大学的李建中,管仲国,项乃亮负责撰写。

著 者

2017年4月

目 录

第1章 城市桥梁抗震设计规范介绍 ·· 1
1.1 概述 ··· 1
1.2 城市桥梁抗震设防标准与地震动输入 ······································· 1
1.3 桥梁抗震设计的基本要求 ··· 5
1.4 抗震设计流程 ··· 9

第2章 规则桥梁抗震设计算例 ··· 13
2.1 概述 ··· 13
2.2 工程概况与地震动输入 ··· 13
2.3 计算模型与动力特性 ··· 16
2.4 E1地震作用下地震反应分析与抗震验算 ································· 23
2.5 E2地震作用下地震反应分析与抗震验算 ································· 28

第3章 非规则桥梁抗震设计算例 ·· 47
3.1 概述 ··· 47
3.2 工程概况与地震动输入 ··· 47
3.3 计算模型与动力特性 ··· 50
3.4 E1地震作用下地震反应分析与抗震验算 ································· 55
3.5 E2地震作用下延性构件地震位移反应与抗震验算 ··················· 59
3.6 能力保护构件计算与验算 ·· 63

第4章 曲线桥梁抗震设计算例 ·· 75
4.1 概述 ··· 75

4.2　工程概况与地震动输入 ………………………………………… 75
　　4.3　计算模型与动力特性 …………………………………………… 82
　　4.4　E1 地震反应分析与抗震验算 …………………………………… 88
　　4.5　E2 地震作用下地震反应与抗震验算 …………………………… 90
　　4.6　其他构件计算与验算 …………………………………………… 91
第 5 章　大跨径连续梁桥抗震设计算例 ……………………………… 100
　　5.1　概述 ……………………………………………………………… 100
　　5.2　工程概况与地震动输入 ………………………………………… 100
　　5.3　计算模型与动力特性 …………………………………………… 106
　　5.4　E1 地震作用下地震反应分析与抗震验算 ……………………… 112
　　5.5　E2 地震作用下延性构件地震位移反应与抗震验算 …………… 114
　　5.6　能力保护构件计算与验算 ……………………………………… 117
第 6 章　减隔震桥梁设计算例 ………………………………………… 125
　　6.1　概述 ……………………………………………………………… 125
　　6.2　工程概况与地震动输入 ………………………………………… 125
　　6.3　计算模型及换算质量 …………………………………………… 130
　　6.4　基于反应谱方法的地震反应分析 ……………………………… 134
　　6.5　E2 基于非线性时程的地震反应分析与抗震验算 ……………… 146
参考文献 ………………………………………………………………… 156

第1章 城市桥梁抗震设计规范介绍

1.1 概述

近三十余年,全球发生了许多次大地震,造成了非常惨重的生命财产损失。在几次大地震中,由于桥梁工程遭到严重破坏,切断了震区交通生命线,给救灾工作造成巨大困难,使次生灾害加重,导致了巨大的经济损失。这几次大地震一再显示了桥梁工程破坏的严重后果,反映出桥梁结构地震的易损性。

自1976年唐山地震以后,我国开始系统地开展桥梁抗震研究,在1989年颁布了《公路工程抗震设计规范》(JTJ 004—1989),并于2008年颁布了《公路桥梁抗震设计细则》(JTG/T B02-01—2008),2010年颁布了《城市桥梁抗震设计规范》(CJJ 166—2011)。与《公路工程抗震设计规范》(JTJ 004—1989)相比较,《城市桥梁抗震设计规范》(CJJ 166—2011)取消了综合影响系数,修订了相应的设防标准和设防目标,采用了两水平设防、两阶段设计的抗震设计思想;增加了抗震分析建模原则和抗震分析方法等有关规定,补充了桥梁延性抗震设计和能力保护原则的有关规定,增加了延性构造细节设计的有关规定。本章主要对《城市桥梁抗震规范》(CJJ 166—2011)进行简单介绍。

1.2 城市桥梁抗震设防标准与地震动输入

最近十余年,地球上发生的多次地震对桥梁抗震设计理论产生了巨大的影响。历次大地震的震害教训使得各国政府越来越重视桥梁抗震问题,最近几年来,通过对桥梁震害的认识,国外桥梁抗震设计规范和设计方法一直在不断改进,多级抗震设防原则已被许多国家的桥梁抗震设计规范所采用。参考国内外最新研究成果,我国《城市桥梁抗震设计规范》(CJJ 166—2011)在划分城市桥梁抗震设防分类的基础上,针对各类桥梁的特点,采用E1和E2地震作用,两水平地震设防、两阶段抗震设计,具体如下:

1.2.1 抗震设防分类与性能要求

考虑到城市桥梁的重要性和在抗震救灾中的作用,本着确保重点和节约投资的原则,首先根据桥梁结构在城市交通网络中位置的重要性、承担的交通量和桥梁结构本身的重要性,将城市桥梁分为甲、乙、丙和丁四个抗震设防类别,见表1.2-1。其中甲类桥梁定义为悬索桥、斜拉桥和大跨度拱桥(跨径大于150m的拱桥定义为大跨度拱桥),此类桥梁承担交通量大,投资很大,而且在政治、经济上具有非常重要的地位;乙类桥梁为交通网络上枢纽位置的桥梁、快速路上的城市桥梁;丙类为城市主干路,轨道交通桥梁;丁类为除甲、乙、丙三类桥梁以外的其他桥梁。

城市桥梁抗震设防分类 表1.2-1

设防等级	分 类
甲	悬索桥、斜拉桥以及大跨度拱桥
乙	除甲类桥梁以外的位于交通网络中枢纽位置的桥梁和城市快速路上的桥梁
丙	城市主干路和轨道交通桥梁
丁	除甲、乙和丙三类桥梁以外的其他桥梁

根据城市桥梁抗震设防分类,各类城市桥梁在 E1 和 E2 地震作用下的性能要求为:①要求各类桥梁在 E1 地震作用下,基本无损伤,结构在弹性范围内工作,正常的交通在地震后立刻得以恢复。②在 E2 地震作用下,甲类桥梁可发生混凝土裂缝开裂过大,少量截面部分钢筋进入屈服等轻微损坏,地震后不需修复或经简单修复可继续使用;乙类桥梁可发生混凝土保护层脱落、结构发生弹塑性变形等可修复破坏,地震后数天内可恢复部分交通(可能发生车道减少或小规模的紧急交通管制),永久性修复后可恢复正常运营功能,具体如表1.2-2 所示。

E1 和 E2 地震作用下城市桥梁抗震性能要求 表1.2-2

桥梁类别	E1 地震作用		E2 地震作用	
	震后使用要求	损伤状态	震后使用要求	损伤状态
甲	立即使用	结构总体反应在弹性范围,基本无损伤	不需修复或经简单修复可继续使用	局部可发生可修复的损伤
乙	立即使用	结构总体反应在弹性范围,基本无损伤	经抢修可恢复使用,永久性修复后恢复正常运营功能	有限损伤
丙	立即使用	结构总体反应在弹性范围,基本无损伤	经临时加固,可供紧急救援车辆使用	不产生严重的结构损伤
丁	立即使用	结构总体反应在弹性范围,基本无损伤		不致倒塌

《城市桥梁抗震设计规范》(CJJ 166—2011)对各类桥梁分别规定了 E1 和 E2 两级地震影响：对于甲类桥梁，E1 和 E2 地震动参数应按地震安全性评价结果取值，其他各类桥梁所在地区遭受的 E1 和 E2 地震影响，应根据现行《中国地震动参数区划图》的地震动峰值加速度、地震动反应谱特征周期以及表 1.2-3 给出的 E1 和 E2 地震调整系数来表征。

各类桥梁 E1 和 E2 地震调整系数　　　　　表 1.2-3

桥梁分类	E1 地震作用				E2 地震作用			
	6 度	7 度	8 度	9 度	6 度	7 度	8 度	9 度
乙类	0.61	0.61	0.61	0.61	—	2.2(2.05)	2.0(1.7)	1.55
丙类	0.46	0.46	0.46	0.46	—	2.2(2.05)	2.0(1.7)	1.55
丁类	0.35	0.35	0.35	0.35				

甲类桥梁的 E1 和 E2 地震相应的地震重现期分别为 475 年和 2 500 年，乙、丙和丁类桥梁的 E1 地震作用是在《建筑结构抗震设计规范》(GB 50011—2010)中多遇地震(重现期 50 年)参数的基础上，分别乘以 1.7、1.3 和 1.0 的重要性系数，而 E2 地震作用直接采用《建筑结构抗震设计规范》(GB 50011—2010)中的罕遇地震(重现期 2 000~2 450 年)。

1.2.2 地震动输入

地震动输入是进行结构地震反应分析的依据。结构的地震反应以及破坏与否，除和结构的动力特性、弹塑性变形性质、变形能力有关外，还和地震动的特性(幅值、频谱特性和持续时间)密切相关。

一般桥梁工程的地震动输入，可以基于《中国地震动参数区划图》，直接根据《城市桥梁抗震设计规范》(CJJ 166—2011)确定；而甲类桥梁的地震动输入，则应做专门的场地地震安全性评价，然后根据地震安全性评价报告来确定。桥址处地震基本烈度数值可由现行《中国地震动参数区划图》查取地震动峰值加速度，按表 1.2-4 确定。

地震基本烈度和地震动峰值加速度的对应关系　　　　　表 1.2-4

地震基本烈度	6 度	7 度	8 度	9 度
地震动峰值加速度	0.05g	0.10(0.15)g	0.20(0.30)g	0.40g

注：g 为重力加速度。

在确定性地震反应分析中，一般采用两种地震动输入，即地震加速度反应谱和地震动加速度时程。采用反应谱方法进行地震反应分析时，一般采用地震加速度反应谱作为地震输入；而采用动态时程法进行地震反应分析时，一般采用地震动加速度时程作为地震输入。

(1)设计加速度反应谱

我国《城市桥梁抗震设计规范》(CJJ 166—2011)则采用了《建筑抗震设计规范》(GB 50011—2010)相同的反应谱形式,有效周期成分至6s,分别在$T_g \sim 5T_g$区段和$5T_g \sim 6s$区段采用不同的下降段,其水平设计加速度反应谱值S(图1.2-1)由下式确定:

$$S = \begin{cases} 10(\eta_2 - 0.45)S_{max}T + 0.45S_{max} & (0 < T \leq 0.1s) \\ \eta_2 S_{max} & (0.1s < T \leq T_g) \\ \eta_2 S_{max}\left(\dfrac{T_g}{T}\right)^\gamma & (T_g < T \leq 5T_g) \\ [\eta_2 0.2^\gamma - \eta_1(T - 5T_g)]S_{max} & (5T_g < T \leq 6s) \end{cases} \quad (1.2\text{-}1)$$

式中:T_g——特征周期,根据《中国地震动参数区划图》选取,其中计算8度、9度E2地震作用时,特征周期宜增加0.05s,如表1.2-5所示;

η_2——结构的阻尼调整系数,阻尼比为0.05时取1.0,阻尼比不等于0.05时按式(1.2-2)计算;

γ——$T_g \sim 5T_g$区段曲线衰减指数,阻尼比为0.05时取0.9,阻尼比不等于0.05时按式(1.2-3)计算;

η_1——$5T_g \sim 6s$区段直线下降段下降斜率调整系数,阻尼比为0.05时取0.02,阻尼比不等于0.05时按式(1.2-4)计算;

T——结构自振周期;

S_{max}——水平设计加速度反应谱最大值,按式(1.2-5)计算。

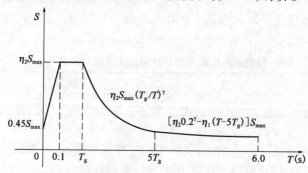

图1.2-1 水平设计加速度反应谱

$$\eta_2 = 1 + \frac{0.05 - \zeta}{0.06 + 1.4\zeta} \quad (1.2\text{-}2)$$

$$\gamma = 0.9 + \frac{0.05 - \zeta}{0.5 + 5\zeta} \quad (1.2\text{-}3)$$

$$\eta_1 = 0.02 + (0.05 - \zeta)/8 \quad (1.2\text{-}4)$$

$$S_{\max} = 2.25A \quad (1.2\text{-}5)$$

式中：ζ——结构实际阻尼比；

A——E1 或 E2 地震作用下水平向地震动峰值加速度，根据《中国地震动参数区划图》中桥址处的峰值加速度值乘以表1.2-3中各类桥梁 E1 和 E2 地震调整系数得到。

特 征 周 期 值（s） 表1.2-5

分 区	场 地 类 别			
	Ⅰ	Ⅱ	Ⅲ	Ⅳ
1 区	0.25	0.35	0.45	0.65
2 区	0.30	0.40	0.55	0.75
3 区	0.35	0.45	0.65	0.90

竖向设计加速度反应谱可由水平向设计加速度反应谱乘以0.65得到。

(2) 设计地震动时程

已进行地震安全性评价的桥址，设计地震动时程应根据地震安全性评价的结果确定，未进行地震安全性评价的桥址，可采用《城市桥梁抗震设计规范》(CJJ 166—2011)中的加速度反应谱为目标拟合设计加速度时程；也可选用与设定地震震级、距离、场地特性大体相近的实际地震动加速度记录，通过时域方法调整，使其加速度反应谱与《城市桥梁抗震规范》(CJJ 166—2011)中设计加速度反应谱匹配。

在利用设计加速度时程进行时程分析时，时程分析的最终结果，当采用3组地震加速度时程计算时，应取各组计算结果的最大值；当采用7组及以上地震加速度时程计算时，可取结果的平均值。

1.3 桥梁抗震设计的基本要求

1.3.1 抗震设计方法分类

为了更有效地进行城市桥梁抗震设计，根据桥梁场地地震基本烈度和桥梁结构抗震设防分类，对于乙、丙和丁类桥梁的抗震设计方法按表1.3-1分为A、B

和 C 三类,其中:

(1)A 类:应进行 E1 和 E2 地震作用下的抗震分析和抗震验算,并应满足《城市桥梁抗震设计规范》(CJJ 166—2011)3.4 节桥梁抗震体系以及相关构造和抗震措施的要求;

(2)B 类:应进行 E1 地震作用下的抗震分析和抗震验算;并应满足相关构造和抗震措施的要求;

(3)C 类:应满足相关构造和抗震措施的要求,不需进行抗震分析和抗震验算。

桥梁抗震设计方法类别 表 1.3-1

地 震 烈 度	乙	丙	丁
6 度	B	C	C
7 度、8 度和 9 度地区	A	A	B

对于位于 6 度地区的普通桥梁,只需满足相关构造和抗震措施要求,不需进行抗震分析,称此类桥梁抗震设计方法为 C 类;对于位于 6 度地区的乙类桥梁,7 度、8 度和 9 度地区的丙类桥梁,仅要求进行 E1 地震作用下的抗震分析和抗震验算,并满足相关构造要求,这类抗震设计方法为 B 类;对于 7 度及 7 度以上的乙和丙类桥梁,要求进行 E1 和 E2 地震作用下的抗震分析和抗震验算,并满足结构抗震体系以及相关构造和抗震措施要求,此类抗震设计方法为 A 类。

1.3.2 桥梁抗震体系

合理的抗震结构体系有两个基本特征,一是传力路径不间断,二是桥梁保持整体性。为防止地震作用下桥梁结构整体倒塌破坏,切断震区交通生命线,要求桥梁结构抗震体系具有:①可靠和稳定地传递地震作用到地基的途径;②有效的位移约束,能可靠地控制结构地震位移,避免发生落梁破坏;③有明确、可靠、合理的地震能量耗散部位;④应避免因部分结构构件的破坏而导致整个结构丧失抗震能力或对重力荷载的承载能力。

桥梁结构的合理抗震体系一般有两种:一种是延性抗震体系,另一种是减隔震体系,如图 1.3-1 所示。本书对于延性抗震体系给出了详细的设计流程;对于减隔震体系,则采用单独的一个章节(第 6 章)对其设计原则进行相关阐述。在《城市桥梁抗震设计规范》(CJJ 166—2011)中,对这两种体系则有明确的划分,分别定义为类型Ⅰ和类型Ⅱ,分别对应延性抗震体系和减隔震体系。

对于延性抗震体系,主要通过选定合适的弹塑性变形、耗能部位,延长结构周期、耗散地震能量,进而减小结构地震反应。弹塑性耗能部位一般位于桥墩上,既能方便地形成减震耗能机制,最大程度减小地震作用,同时还有利于对损伤部位进行检查和修复,如图1.3-2所示;其余部分,包括上部结构、上下部结构连接构件(支座)、盖梁、墩柱的抗剪以及桥梁基础等,则要求不受损伤,保持在弹性范围内。这些构件的设计内力值应按能力保护设计方法计算,根据墩柱塑性铰区域截面的超强弯矩确定。

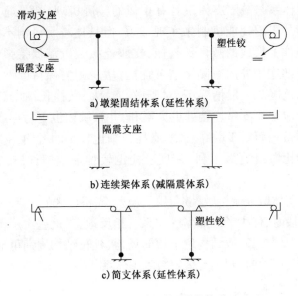

图1.3-1 桥梁合理抗震结构体系

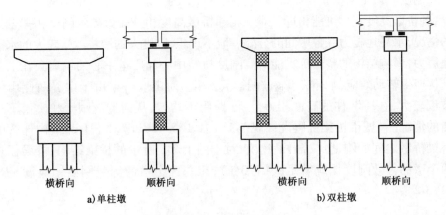

图1.3-2 墩柱塑性铰区域

注:图中 ▓ 代表塑性铰区域。

减隔震体系一般是通过在桥梁上、下部连接部位设置支座、耗能装置,控制结构的变形和耗能主要集中在这些装置上,以保护上部结构、桥墩和基础不受损伤,保持在弹性范围内。这种体系的突出优点是可以避免延性抗震体系中桥墩结构在进入塑性变形后的结构损伤,同时可以通过适当的参数选择与设计确保减隔震装置的变形性能,既能确保连接部位的可靠传力与支承作用,同时也可避免结构主体发生严重损伤。

延性抗震体系与减隔震体系具有相似的减震机理,都是通过延长结构周期以及提供附加阻尼耗能机制来实现减震,但具体减震机制不同。延性抗震体系是依靠墩柱上形成的塑性铰耗能,支座连接装置需保持弹性。减隔震体系是依靠上下部连接处的减隔震装置耗能,墩身则需保持弹性。因此两者各有不同的适用范围。一般情况下,对于墩高较大、墩柱长细比较大的桥梁,墩身截面地震反应相比支座连接处更为不利,并且墩柱也更易形成塑性铰,宜采用延性抗震体系。而对于墩高较矮、墩柱长细比较小的桥梁,支座连接处的地震反应一般相比墩身更为不利,并且墩柱也较难形成塑性铰,宜采用减隔震体系。

当桥墩为实体墩或刚性墩、墩高相差较大,而桥址区的预期地面运动主要能量集中在高频段时,优先考虑减隔震体系。相反地,当地基土层不稳定,或原有结构的固有周期比较长,或结构位于软弱场地、延长结构周期可能引起共振,以及支座中出现负反力时,则不宜采用减隔震体系。

1.3.3 抗震概念设计

刚度和质量平衡是桥梁抗震理念中最重要的一条。对于上部结构连续的桥梁,各桥墩高度宜尽可能相近。对于相邻桥墩高度相差较大导致刚度相差较大的情况,水平地震力在各墩间的分配一般不理想,刚度大的墩将承受较大的水平地震力,影响结构的整体抗震能力。刚度扭转中心和质量中心的偏离会在上部结构产生转动效应,加重落梁和碰撞等破坏。而山区桥梁由于山谷两侧山体坡度较大,往往墩柱的高度相差悬殊,跨距不均匀,从而造成刚度和质量不平衡的情况。《城市桥梁抗震设计规范》(CJJ 166—2011)对于上部结构连续的桥梁桥墩之间的刚度比给出了建议,对于图 1.3-3 所示的桥梁结构,桥梁任意两个墩的等效刚度比应满足式(1.3-1);相邻两个墩的等效刚度比应满足式(1.3-2):

$$\frac{k_i^e}{k_j^e} \geq 0.5 \text{(桥面等宽)} \qquad \frac{k_i^e/m_i}{k_j^e/m_j} \geq 0.5 \text{(桥面变宽)} \qquad (1.3\text{-}1)$$

$$\frac{k_i^e}{k_j^e} \geqslant 0.75(桥面等宽) \qquad \frac{k_i^e/m_i}{k_j^e/m_j} \geqslant 0.75(桥面变宽) \qquad (1.3\text{-}2)$$

式中，k_i^e、k_j^e 是第 i、j 号墩的等效刚度；m_i、m_j 是第 i、j 号墩墩顶的集中质量。

《城市桥梁抗震设计规范》(CJJ 166—2011) 还建议相邻两联桥跨的基本震动周期比应大于 0.7，即

$$\frac{T_i}{T_j} \geqslant 0.7 \qquad (1.3\text{-}3)$$

式中，T_i、T_j 是第 i、j 联桥跨的基本周期。

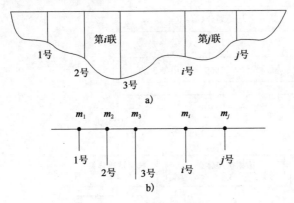

图 1.3-3 桥梁结构形式

为保证桥梁刚度和质量的平衡，设计时应优先考虑采用等跨径、等墩高、等桥面宽度的结构形式。如不能满足，也可通过调整墩的直径和支座等方法来改善桥的平衡情况。其中，调整支座可能是最简单易行的办法，效果也很显著。当采用橡胶支座后，由墩和支座构成的水平刚度串联体系的总水平刚度为：

$$k_t = \frac{k_z k_p}{k_z + k_p} \qquad (1.3\text{-}4)$$

式中，k_t 是由墩和支座构成的水平刚度串联体系的总水平刚度；k_z 和 k_p 分别为橡胶支座的剪切刚度和桥墩的水平刚度。

1.4 抗震设计流程

桥梁抗震设计应采用图 1.4-1 和图 1.4-2 所示流程进行，E1 地震作用下抗震验算、E2 地震作用下抗震验算以及能力保护构件的抗震验算应采用图 1.4-3 和图 1.4-4 所示流程进行。

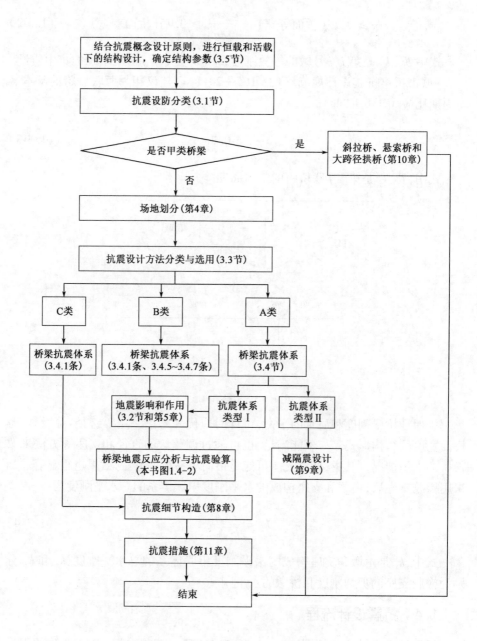

图 1.4-1 桥梁抗震设计流程

注：如无特殊说明，本图中的章节条编号均以《城市桥梁抗震设计规范》(CJJ 166—2011)为准。

第1章 城市桥梁抗震设计规范介绍

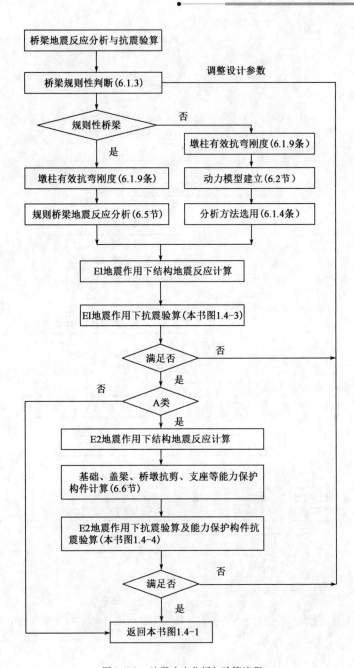

图 1.4-2 地震响应分析与验算流程

注：如无特殊说明，本图中的章节条编号均以《城市桥梁抗震设计规范》(CJJ 166—2011)为准。

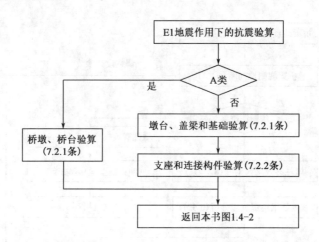

图 1.4-3　E1 地震作用下抗震验算流程

注：如无特殊说明，本图中的章节条编号均以《城市桥梁抗震设计规范》(CJJ 166—2011)为准。

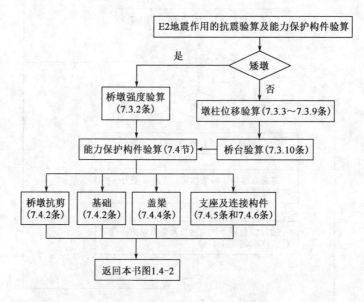

图 1.4-4　E2 地震作用下抗震验算流程

注：如无特殊说明，本图中的章节条编号均以《城市桥梁抗震设计规范》(CJJ 166—2011)为准。

第2章 规则桥梁抗震设计算例

2.1 概述

《城市桥梁抗震设计规范》(CJJ 166—2011)(以下简称《规范》)根据桥梁结构的跨数、几何形状、质量分布、刚度分布以及桥址的地质条件对规则桥梁和非规则桥梁进行了区分,规则桥梁的地震反应以一阶振型为主,因此可以采用《规范》建议的各种简化计算公式进行分析。这里以一座规则连续梁桥为研究对象,按照《规范》的相关规定,对其地震反应进行计算分析,并对其抗震性能进行验算。

2.2 工程概况与地震动输入

2.2.1 工程概况

本书选取某8度地区三柱墩连续梁桥(4×25m)作为研究对象,桥梁立面布置见图2.2-1,横断面见图2.2-2,基础布置形式见图2.2-3。

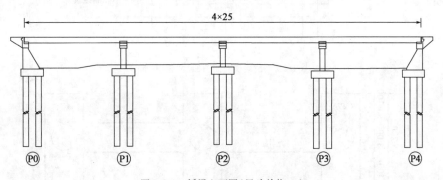

图2.2-1 桥梁立面图(尺寸单位:m)

三个排架墩墩顶均采用GYZ325×55型板式橡胶支座,每个排架墩设置28个支座,两边桥台上采用GYZF4250×54型四氟滑板式橡胶支座,桥墩横向均设置混凝土挡块。

盖梁为矩形截面,平均高度为1.5m,支座和垫石的总高度为0.25m。横向三个立柱中心间距为7.2m,P1、P2、P3排架墩的墩柱高度分别为5.5m、5m和

6m,墩柱的截面直径为1.3m,配筋率为1.7%;轻型桥台的台身高度为8.6m,台背后填土的平均重度为18.5kN/m³,内摩擦角为20°;桥台和桥墩的桩基采用6根$\phi1\,200$mm钻孔灌注桩,平均桩长为35m,摩擦桩形式,单桩竖向承载力容许值为5 000kN,配筋率为1.93%,墩柱与桩身配筋见图2.2-4,箍筋和纵向钢筋均采用HRB335普通钢筋。

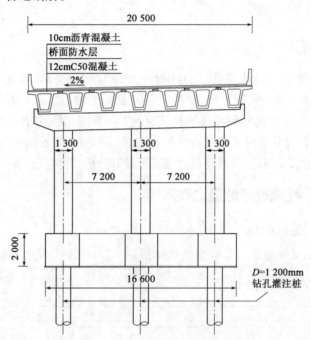

图2.2-2 桥梁横断面图(尺寸单位:mm)

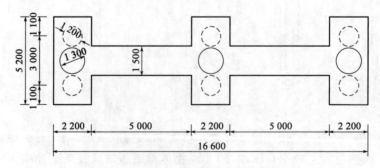

图2.2-3 基础布置图(尺寸单位:mm)

上部结构、墩柱、基础分别采用C50、C40、C30混凝土。上部结构总质量为3 466.5t(包括二期恒载),每片盖梁质量为125.5t,墩柱的线质量为3.45t/m,单个桥台的质量为654t,排架墩处的承台的质量为256.5t。根据《公路钢筋混凝土及预应力混凝土桥涵设计规范》(JTG D62—2004),可以得到所用的钢筋和混凝土的材料特性,见表2.2-1。

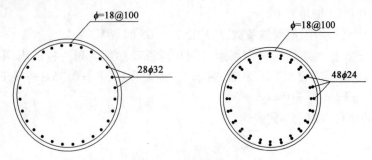

图2.2-4 墩柱配筋与基础配筋(尺寸单位:mm)

混凝土和钢筋材料特性表　　　　　表2.2-1

材　料	强度标准值(MPa)	强度设计值(MPa)	弹性模量(MPa)
C30 混凝土	20.1	13.8	3.00×10^4
C40 混凝土	26.8	18.4	3.25×10^4
C50 混凝土	32.4	22.4	3.45×10^4
HRB335 普通钢筋	335	280	2.00×10^5

2.2.2 地震动输入

根据《规范》3.1.1条的规定,该桥是位于交通枢纽位置上的桥梁,按城市桥梁抗震设防分类为乙类。根据《规范》3.3.3条规定,乙类桥梁在8度设防区应采用A类抗震设计方法。

根据现行的《中国地震动参数区划图》,桥梁所处地区的设计基本加速度峰值为$0.20g$,地震分区为第一区,该场地类别为Ⅱ类场地,设计加速度反应谱特征周期为0.35s,在计算8度区E2地震作用时,特征周期宜增加0.05s。根据《规范》3.2.2条规定,乙类桥梁E1和E2地震作用下水平向地震峰值加速度A应考虑地震调整系数C_i:E1地震作用为0.61,E2地震作用为2.0。

根据《规范》5.2.1条规定,5%阻尼比水平设计加速度反应谱为:

$$S = \begin{cases} 0.45 S_{\max} & (T = 0\text{s}) \\ \eta_2 S_{\max} & (0.1\text{s} < T \leq T_g) \\ \eta_2 S_{\max} \left(\dfrac{T_g}{T}\right)^{\gamma} & (T_g < T \leq 5T_g) \\ [\eta_2 0.2^{\gamma} - \eta_1 (T - 5T_g)] S_{\max} & (5T_g < T \leq 6\text{s}) \end{cases} \quad (2.2\text{-}1)$$

式中:γ——自特征周期至5倍特征周期区段曲线衰减指数,阻尼比为0.05时取0.9;

η_1——自5倍特征周期至6s区段直线下降段下降斜率调整系数,阻尼比为0.05时取0.02;

η_2——结构的阻尼调整系数,阻尼比为0.05时取1.0;

T_g——特征周期(s),根据场地类别和地震动参数区划的特征周期分区按《规范》表5.2.1采用,对于E1地震作用,$T_g=0.35s$,对于E2地震作用,$T_g=0.40s$。

S_{max}的值可以根据下式确定:

$$S_{max} = 2.25A \qquad (2.2-2)$$

对于E1地震作用,按《规范》中表3-2.2取地震调整系数C_i为0.61,于是$A=0.20g \times 0.61 = 0.122g$;对于E2地震作用,地震调整系数取2.0,$A=0.20g \times 2.0 = 0.40g$。

E1地震作用和E2地震作用下的水平加速度反应谱见图2.2-5。

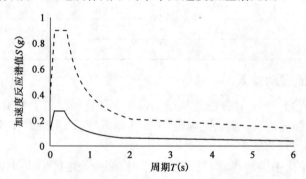

图2.2-5 E1和E2地震作用下水平加速度反应谱

2.3 计算模型与动力特性

由于本桥在桥台上采用的是四氟滑板式橡胶支座,纵桥向假设梁体可以在支座上自由滑动;对于横桥向,本算例假设在各桥墩上设混凝土挡块,并且混凝土挡块足够强,在地震作用下不破坏,假设在桥台上不设置混凝土挡块,梁体在桥台处可以自由滑动,因此可以假设桥台不承受梁体惯性力。

根据《规范》6.1.2条关于规则桥与非规则桥的划分原则,该计算桥梁属于规则连续梁桥,可按《规范》6.5.4条和6.5.5条进行E1和E2地震作用下结构的内力和变形计算。

2.3.1 计算模型

首先按《规范》6.5.4 条和 6.5.5 条的要求建立静力计算模型,如图 2.3-1 所示,模型中上部结构、支座连接条件、桥墩及基础刚度等模拟如下:

(1)主梁、盖梁和桥墩模拟

主梁、盖梁和桥墩采用空间单元梁单元模拟。主梁混凝土强度等级 C50,弹性模量为 3.45×10^4 MPa,桥墩、盖梁混凝土强度等级为 C40,弹性模量为 3.25×10^4 MPa,主梁、盖梁和桥墩的毛截面特性见表 2.3-1。

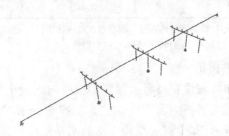

图 2.3-1 有限元计算模型

主梁、盖梁和桥墩的毛截面特性表　　　表 2.3-1

截面类型	面积 (m^2)	抗扭惯性矩 (m^4)	绕 2 轴抗弯惯性矩 (m^4)	绕 3 轴抗弯惯性矩 (m^4)
主梁	7.86	2.51	270.25	1.98
盖梁	2.55	0.90	0.61	0.48
桥墩	1.33	0.28	0.14	0.14

注:2 轴、3 轴方向对于主梁和盖梁截面分别代表竖向、横桥向,对于桥墩截面分别代表顺桥向、横桥向。

其中桥墩为延性构件,在进行 E2 地震作用分析时,应按《规范》6.1.8 条要求,采用有效截面抗弯刚度,按《规范》6.1.8 条计算出桥墩的有效截面刚度为:

$$E_c I_{eff} = \frac{M_y}{\phi_y} \tag{2.3-1}$$

式中:E_c——桥墩混凝土的弹性模量(kN/m^2);

I_{eff}——桥墩有效截面的抗弯惯性矩(m^4);

M_y——等效屈服弯矩($kN \cdot m$);

ϕ_y——等效屈服曲率(m^{-1})。

按《规范》附录 A,各墩柱配筋率为 1.7%,根据轴压比大小,查得各个墩柱有效截面特性见表 2.3-2。

各墩柱有效截面特性表 表 2.3-2

排架	墩柱	轴压比	刚度比	I_{2-2} (m^4)	I_{3-3} (m^4)
P1	边柱	0.098	0.427	0.060	0.060
	中柱	0.124	0.440	0.062	0.062
P2	边柱	0.082	0.417	0.058	0.058
	中柱	0.106	0.432	0.060	0.060
P3	边柱	0.099	0.427	0.060	0.060
	中柱	0.123	0.440	0.062	0.062

注:1. 表中的"刚度比"为有效截面惯性矩与毛截面惯性矩的比值;
   2. I_{2-2} 和 I_{3-3} 分别是绕局部 2 轴和 3 轴的有效抗弯惯性矩。

(2)支座连接条件模拟

在建立计算模型时,假设在桥墩上设置的横桥向混凝土挡块足够强,在地震作用下,梁体与桥墩在水平横向为刚性连接。支座布置形式和连接条件模拟如图 2.3-2 和表 2.3-3 所示,其中板式橡胶支座的水平刚度可采用线性弹簧单元模拟,线弹簧的刚度取板式橡胶的剪切刚度,单个支座的剪切刚度根据《规范》6.2.5 条的规定计算。

$$K_{支座} = \frac{G_d A_r}{\sum t} = \frac{1\,200 \times 0.325^2 \times \pi/4}{0.039} = 2.55 \times 10^3 (kN/m)$$

式中:G_d——板式橡胶支座的动剪切模量,取为 1 200 kN/m^2;

A_r——橡胶支座的剪切面积;

$\sum t$——单个板式橡胶支座橡胶层的总厚度。

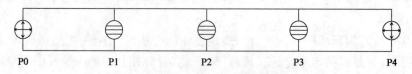

图 2.3-2 支座布置形式图

注:⊕表示四氟滑板支座,纵向和横向均放开;⊖表示板式橡胶支座,纵桥向弹性约束,横桥向固定约束。

支座连接条件表 表 2.3-3

墩台号	Δ_x	Δ_y	Δ_z	θ_x	θ_y	θ_z
P0	0	0	1	1	0	1
P1	S	1	1	1	0	1
P2	S	1	1	1	0	1

续上表

墩台号	Δ_x	Δ_y	Δ_z	θ_x	θ_y	θ_z
P3	S	1	1	1	0	1
P4	0	0	1	1	0	1

注:1. x,y,z 分别表示顺桥向、横桥向和竖向;
　2.0 表示自由,1 表示固结,S 表示考虑支座的弹性刚度。

(3)桩基础刚度模拟

桩基础刚度可在承台底加六个方向的弹簧来模拟(图2.3-3)。弹簧刚度根据土层状况和桩的布置形式按 m 法计算,计算出群桩基础的刚度参数见表2.3-4。

基础刚度参数表　　　　表2.3-4

方向	平动刚度(kN/m)			转动刚度(kN·m/rad)		
	纵向	横向	竖向	绕纵向	绕横向	绕竖向
刚度	9.02×10^5	1.10×10^6	9.23×10^6	3.28×10^8	2.94×10^7	3.54×10^7

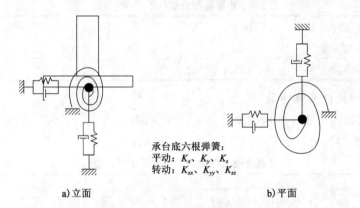

承台底六根弹簧:
平动: K_x、K_y、K_z
转动: K_{xx}、K_{yy}、K_{zz}

a)立面　　　　b)平面

图 2.3-3　基础的六弹簧模拟图

2.3.2 换算质量 M_t

纵桥向和横桥向的全桥换算质点质量 M_t 可以按照《规范》6.5.2 条规定计算,其计算简图如图 2.3-4 所示,M_t 的计算见式(2.3-2):

$$M_t = M_{sp} + \eta_{cp}M_{cp} + \eta_p M_p$$

$$\eta_{cp} = X_0^2$$

$$\eta_p = 0.16(X_0^2 + X_f^2 + 2X_{f/2}^2 + X_f X_{f/2} + X_0 X_{f/2}) \qquad (2.3\text{-}2)$$

式中:M_{sp}——桥梁上部结构的质量(t);

M_{cp}——盖梁的质量(t);

M_p——墩身质量(t),对于扩大基础,为基础顶面以上墩身的质量;

η_{cp}——盖梁质量换算系数;

η_p——墩身质量换算系数;

X_0——考虑地基变形时,顺桥向作用于支座顶面或横桥向作用于上部结构质心处的单位水平力在墩身计算高度 H 处引起的水平位移与支座顶面处的水平位移之比值;

X_f、$X_{f/2}$——考虑地基变形时,顺桥向作用于支座顶面上或横桥向作用于上部结构质心处的单位水平力在墩身计算高度 $\dfrac{H}{2}$ 处,一般冲刷线或基础顶面引起的水平位移与支座顶面处的水平位移之比值。

表2.3-5列出了桥梁上部结构总质量、单个盖梁的质量以及单个墩柱的线质量。

桥梁各部分结构的质量　　　　表 2.3-5

类　别	质　量	类　别	质　量
桥梁上部结构	3 466.5t	墩柱	3.45t/m
单个盖梁	125.5t		

(1)纵桥向换算质量

根据如图2.3-4所示的换算质量计算模型,在支座顶纵桥向施加单位水平力,计算桥墩各个关键节点的位移,计算结果见表2.3-6。

纵向单位力作用下各桥墩关键节点位移　　　　表 2.3-6

排架墩	墩底(m)	墩中点(m)	墩顶(m)	单位力作用点(m)	X_f	$X_{f/2}$	X_0
P1	3.71×10^{-3}	1.01×10^{-2}	1.91×10^{-2}	3.61×10^{-2}	1.03×10^{-1}	2.80×10^{-1}	5.29×10^{-1}
P2	3.62×10^{-3}	9.20×10^{-3}	1.67×10^{-2}	3.35×10^{-2}	1.08×10^{-1}	2.75×10^{-1}	4.99×10^{-1}
P3	3.80×10^{-3}	1.12×10^{-2}	2.18×10^{-2}	3.89×10^{-2}	9.77×10^{-2}	2.88×10^{-1}	5.60×10^{-1}

根据表2.3-5和式(2.3-2)可以计算出纵桥向的全桥换算质点质量为:

$$\eta_{cp}^1 = 0.280 \quad \eta_{cp}^2 = 0.249 \quad \eta_{cp}^3 = 0.314$$

$$\eta_p^1 = 0.100 \quad \eta_p^2 = 0.093 \quad \eta_p^3 = 0.109$$

$$M_t = M_{sp} + \eta_{cp}M_{cp} + \eta_p M_p$$
$$= 3\,466.5 + (0.280 + 0.249 + 0.314) \times 125.5 + (0.100 \times$$

$5.5 \times 3 + 0.093 \times 5 \times 3 + 0.109 \times 6 \times 3) \times 3.45$

$= 3589.6(t)$

(2)横桥向换算质量

根据如图 2.3-4 所示横桥向换算质量计算模型,在主梁质心处横向施加单位力,计算桥墩各个关键节点的位移,计算结果见表 2.3-7。

横向单位力作用下桥墩关键节点位移　　表 2.3-7

排架墩	墩底(m)	墩中点(m)	墩顶(m)	单位力作用点(m)	X_f	$X_{f/2}$	X_0
P1	1.42×10^{-3}	2.21×10^{-3}	3.00×10^{-3}	3.14×10^{-3}	4.52×10^{-1}	7.04×10^{-1}	9.55×10^{-1}
P2	1.41×10^{-3}	2.05×10^{-3}	2.69×10^{-3}	2.82×10^{-3}	5.00×10^{-1}	7.27×10^{-1}	9.54×10^{-1}
P3	1.42×10^{-3}	2.39×10^{-3}	3.37×10^{-3}	3.50×10^{-3}	4.06×10^{-1}	6.83×10^{-1}	9.63×10^{-1}

根据表 2.3-5 和式(2.3-2)可以计算出横桥向的全桥换算质点质量为:

$\eta_{cp}^1 = 0.912 \quad \eta_{cp}^2 = 0.910 \quad \eta_{cp}^3 = 0.927$

$\eta_p^1 = 0.496 \quad \eta_p^2 = 0.524 \quad \eta_p^3 = 0.473$

$M_t = M_{sp} + \eta_{cp} M_{cp} + \eta_p M_p$

$= 3466.5 + (0.912 + 0.910 + 0.927) \times 125.5 +$

$(0.496 \times 5.5 \times 3 + 0.524 \times 5 \times 3 +$

$0.473 \times 6 \times 3) \times 3.45$

$= 3896.2(t)$

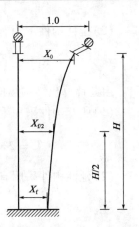

图 2.3-4　柱式墩计算简图

2.3.3　等效刚度与动力特性

1)纵桥向

首先,针对所建立的计算模型,计算沿梁体轴线作用均布荷载 $P_0 = 1\text{kN/m}$ 时,梁体的纵向位移 V_s(图 2.3-5)。在计算梁体纵桥向位移时,根据《规范》6.1.8 条,E1 地震作用下所有构件采用毛截面,E2 地震作用下延性构件采用有效截面(其他构件采用毛截面),计算出的梁体最大纵向位移 V 为:

(1)所有构件采用毛截面

$$V = 9.95 \times 10^{-4}(\text{m})$$

(2)延性构件采用有效截面

$$V = 1.39 \times 10^{-3}(\text{m})$$

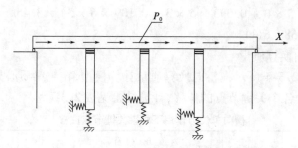

图 2.3-5　纵桥向位移计算

根据所计算出的最大位移 V,可得到纵桥向等效刚度:
(1)所有构件采用毛截面时
$$K_L = \frac{P_0 L}{V} = \frac{100}{9.95 \times 10^{-4}} = 1.01 \times 10^5 (\text{kN/m})$$
(2)延性构件采用有效截面时
$$K_L = \frac{P_0 L}{V} = \frac{100}{1.39 \times 10^{-3}} = 7.19 \times 10^4 (\text{kN/m})$$

由此计算出结构纵向振动的基本周期为:
(1)所有构件采用毛截面时
$$T = 2\pi \sqrt{\frac{M_t}{K_L}} = 2\pi \sqrt{\frac{3589.6}{1.01 \times 10^5}} = 1.18(\text{s})$$
(2)延性构件采用有效截面时
$$T = 2\pi \sqrt{\frac{M_t}{K_L}} = 2\pi \sqrt{\frac{3589.6}{7.19 \times 10^4}} = 1.40(\text{s})$$

2)横桥向

根据之前建立的结构计算模型,计算均布荷载 $P_0 = 1\text{kN/m}$ 沿垂直于梁体轴线方向作用下,梁体结构的最大横向位移 V(图 2.3-6):
(1)所有构件采用毛截面时
$$V = 9.05 \times 10^{-5} (\text{m})$$
(2)延性构件采用有效截面时
$$V = 1.35 \times 10^{-4} (\text{m})$$

根据所计算出的最大位移 V,可得到横桥向等效刚度:
(1)所有构件采用毛截面时
$$K_T = \frac{P_0 L}{V} = \frac{100}{9.05 \times 10^{-5}} = 1.10 \times 10^6 (\text{kN/m})$$

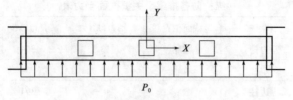

图 2.3-6 横桥向位移计算

(2)延性构件采用有效截面时

$$K_T = \frac{P_0 L}{V} = \frac{100}{1.35 \times 10^{-4}} = 7.41 \times 10^5 (\text{kN/m})$$

由此计算出横桥向振动基本周期为：
(1)所有构件采用毛截面时

$$T = 2\pi \sqrt{\frac{M_t}{K_T}} = 2\pi \sqrt{\frac{3896.2}{1.10 \times 10^6}} = 0.37(\text{s})$$

(2)延性构件采用有效截面时

$$T = 2\pi \sqrt{\frac{M_t}{K_T}} = 2\pi \sqrt{\frac{3896.2}{7.41 \times 10^5}} = 0.46(\text{s})$$

2.4 E1 地震作用下地震反应分析与抗震验算

2.4.1 地震反应

(1)纵桥向

所有截面采用毛截面时，计算的纵向基本周期：$T=1.18\text{s}$，反应谱加速度：

$$S_{\max} = 2.25A = 2.25 \times 0.122 \times 9.8 = 2.69(\text{m/s}^2)$$

$$S = \eta_2 S_{\max} \left(\frac{T_g}{T}\right)^\gamma = 2.69 \times \left(\frac{0.35}{1.18}\right)^{0.9} = 0.90(\text{m/s}^2)$$

纵桥向地震等效均布荷载 P_0：

$$P_0 = \frac{S M_t}{L} = \frac{0.90 \times 3589.6}{100} = 32.31(\text{kN/m})$$

根据建立的静力计算模型，计算出在纵桥向施加地震均布力 P_0 时，各排架墩墩底截面受力见表 2.4-1。

纵桥向各排架墩关键截面受力表 表2.4-1

排架号	墩柱	截面位置	轴力(kN)	剪力(kN)	弯矩(kN·m)
P1	边柱	墩底	13	364	2 596
P1	中柱	墩底	16	354	2 575
P2	边柱	墩底	4	394	2 612
P2	中柱	墩底	5	382	2 590
P3	边柱	墩底	11	335	2 559
P3	中柱	墩底	13	327	2 541

(2)横桥向

所有截面采用毛截面时,计算的横向基本周期:$T=0.37\text{s}$,反应谱加速度:

$$S_{\max} = 2.25A = 2.25 \times 0.122 \times 9.8 = 2.69(\text{m/s}^2)$$

$$S = \eta_2 S_{\max}\left(\frac{T_g}{T}\right)^\gamma = 2.69 \times \left(\frac{0.35}{0.37}\right)^{0.9} = 2.56(\text{m/s}^2)$$

横桥向地震等效均布荷载 P_0:

$$P_0 = \frac{SM_t}{L} = \frac{2.56 \times 3\,896.2}{100} = 74.14(\text{kN/m})$$

根据建立的静力计算模型,计算出在横向地震均布力 P_0 作用下各排架墩墩顶和墩底截面内力见表2.4-2。

横桥向各排架墩关键截面受力表 表2.4-2

排架	墩柱	截面位置	轴力(kN)	剪力(kN)	弯矩(kN·m)
P1	边柱	墩顶	899	881	2 263
P1	边柱	墩底	899	881	2 441
P1	中柱	墩顶	16	831	2 221
P1	中柱	墩底	16	831	2 346
P2	边柱	墩顶	946	958	2 218
P2	边柱	墩底	946	958	2 415
P2	中柱	墩顶	19	897	2 174
P2	中柱	墩底	19	897	2 313
P3	边柱	墩顶	857	820	2 312
P3	边柱	墩底	857	820	2 475
P3	中柱	墩顶	16	777	2 273
P3	中柱	墩底	16	777	2 388

2.4.2 抗震验算

根据《规范》7.2.1条规定,采用A类抗震设计方法设计的桥梁,纵桥向和横桥向在E1地震作用下应根据相关规范规定验算桥墩、桥台的强度。

在进行E1地震作用下抗震验算时,本桥的荷载组合主要是恒载与地震荷载的组合。由于桥梁墩柱为偏心受压构件,其恒载与地震作用的最不利组合为:①轴力为恒载轴力减去地震轴力;②弯矩为恒载弯矩与地震弯矩之和。

1)墩柱验算

(1)恒载内力以及最不利荷载组合计算

计算出各墩的恒载内力以及恒载与地震内力最不利组合见表2.4-3和表2.4-4。

纵桥向各排架墩关键截面最不利内力组合表　　　　　表2.4-3

排架号	墩柱	截面位置	轴力(kN)			弯矩(kN·m)		
			恒载轴力	地震轴力	最不利轴力	恒载弯矩	地震弯矩	最不利弯矩
P1	边柱	墩底	3 492	13	3 479	24	2 596	2 620
	中柱	墩底	4 415	16	4 399	23	2 575	2 598
P2	边柱	墩底	2 942	4	2 938	0	2 612	2 612
	中柱	墩底	3 783	5	3 778	0	2 590	2 590
P3	边柱	墩底	3 532	11	3 521	25	2 559	2 584
	中柱	墩底	4 379	13	4 366	25	2 541	2 566

横桥向各排架墩关键截面最不利内力组合表　　　　　表2.4-4

排架号	墩柱	截面位置	轴力(kN)			弯矩(kN·m)		
			恒载轴力	地震轴力	最不利轴力	恒载弯矩	地震弯矩	最不利弯矩
P1	边柱	墩顶	3 336	899	2 437	17	2 263	2 280
		墩底	3 492	899	2 593	12	2 441	2 453
	中柱	墩顶	4 263	16	4 247	2	2 221	2 223
		墩底	4 415	16	4 399	1	2 346	2 347
P2	边柱	墩顶	2 800	946	1 854	16	2 218	2 234
		墩底	2 942	946	1 996	11	2 415	2 426
	中柱	墩顶	3 645	19	3 626	2	2 174	2 175
		墩底	3 783	19	3 764	2	2 313	2 315

续上表

排架号	墩柱	截面位置	轴力(kN)			弯矩(kN·m)		
			恒载轴力	地震轴力	最不利轴力	恒载弯矩	地震弯矩	最不利弯矩
P3	边柱	墩顶	3 362	857	2 505	15	2 312	2 327
		墩底	3 532	857	2 675	10	2 475	2 485
	中柱	墩顶	4 214	16	4 198	2	2 273	2 275
		墩底	4 379	16	4 363	1	2 388	2 389

（2）墩柱抗弯承载能力

按《公路钢筋混凝土及预应力混凝土桥涵设计规范》(JTG D62—2004)中偏心受压构件承载能力计算公式,计算出各墩柱关键截面抗弯承载能力见表2.4-5和表2.4-6。

（3）验算

由表2.4-5和表2.4-6可以看出,在最不利轴力作用下,各墩柱关键截面抗弯承载力均满足规范要求。

纵桥向各墩柱关键截面抗弯承载力验算表　　表2.4-5

排架号	墩柱	截面位置	最不利轴力(kN)	最不利弯矩(kN·m)	抗弯承载力(kN·m)	验算结果	配筋率(%)
P1	边柱	墩底	3 479	2 620	4 460	通过	1.7
	中柱	墩底	4 399	2 598	4 727	通过	1.7
P2	边柱	墩底	2 938	2 612	4 189	通过	1.7
	中柱	墩底	3 778	2 590	4 470	通过	1.7
P3	边柱	墩底	3 521	2 584	4 350	通过	1.7
	中柱	墩底	4 366	2 566	4 589	通过	1.7

横桥向各墩柱关键截面抗弯承载力验算表　　表2.4-6

排架号	墩柱	截面位置	最不利轴力(kN)	最不利弯矩(kN·m)	抗弯承载力(kN·m)	验算结果	配筋率(%)
P1	边柱	墩顶	2 437	2 280	4 035	通过	1.7
		墩底	2 593	2 453	4 089	通过	1.7
	中柱	墩顶	4 247	2 223	4 650	通过	1.7
		墩底	4 399	2 347	4 699	通过	1.7
P2	边柱	墩顶	1 854	2 234	3 832	通过	1.7
		墩底	1 996	2 426	3 882	通过	1.7

续上表

排架号	墩柱	截面位置	最不利轴力（kN）	最不利弯矩（kN·m）	抗弯承载力（kN·m）	验算结果	配筋率（%）
P2	中柱	墩顶	3 626	2 175	4 454	通过	1.7
		墩底	3 764	2 315	4 499	通过	1.7
P3	边柱	墩顶	2 505	2 327	4 058	通过	1.7
		墩底	2 675	2 485	4 118	通过	1.7
	中柱	墩顶	4 198	2 275	4 635	通过	1.7
		墩底	4 363	2 389	4 687	通过	1.7

2）桥台抗震验算

地震作用下，桥台横向和纵向不承受梁体传递的水平惯性力，因此水平向桥台只承受自身的地震惯性力和主动土压力，桥台自身的地震惯性力可按《规范》6.7.1条计算，地震时作用于桥台台背的主动土压力按照《规范》5.4.1条计算，由于桥台采用桩基础形式，因此需要根据《公路桥涵地基与基础设计规范》(JTG D63—2007)的相关规定，考虑水平惯性力、地震主动土压力以及恒载作用下的组合效应，验算最不利单桩的竖向承载力和抗弯承载力，上部结构传递给桥台的竖向力可以通过建立的静力模型计算得到。经计算，桥台顶的恒载竖向反力为3 360kN。桥台处最不利单桩内力计算和验算过程如下所示：

（1）桥台台身的水平地震力计算：

$$E_{hau} = M_{au}A = 654 \times 0.122 \times 9.8 = 782(kN)$$

式中：E_{hau}——作用于台身重心处的水平地震作用力；

M_{au}——基础顶面以上台身的质量，这里取值为654t；

A——E1地震作用下水平向地震动峰值加速度，取值为$0.122g$。

（2）桥台台背作用的地震主动土压力计算如下：

$$K_A = \frac{\cos^2\varphi_A}{(1+\sin\varphi_A)^2} = \frac{\cos^2 20°}{(1+\sin 20°)^2} = 0.49$$

$$E_{ea} = \frac{1}{2}\gamma_s H^2 K_A\left(1+\frac{3A}{g}\tan\varphi_A\right)$$

$$= \frac{1}{2} \times 18.5 \times 8.6^2 \times 0.49 \times (1+3\times 0.122 \times 0.61 \times \tan 20°)$$

$$=380(kN/m)$$

式中：E_{ea}——作用于台背每延米长度的地震主动土压力，其作用点距台底$0.4H$；

γ_s——土的重力密度，这里取值为18.5kN/m³；

H——台身高度,这里取值为 8.6m;

K_A——非地震条件下作用于台背的主动土压力系数;

φ_A——台背土的内摩擦角,这里取值为 20°;

A——E1 地震作用下水平向地震动峰值加速度,取值为 0.122g。

(3)纵桥向作用于承台底的组合内力计算:

$$N = 654 \times 9.8 + 3360 = 9769(\text{kN})$$
$$V = 782 + 380 \times 3 = 1922(\text{kN})$$
$$M = 782 \times 0.5 \times 8.6 + 380 \times 3 \times 0.4 \times 8.6 = 7284(\text{kN} \cdot \text{m})$$

(4)横桥向作用于承台底的组合内力计算:

$$N = 654 \times 9.8 + 3360 = 9769(\text{kN})$$
$$V = 782\text{kN}$$
$$M = 782 \times 0.5 \times 8.6 = 3363(\text{kN} \cdot \text{m})$$

(5)按照《公路桥涵地基与基础设计规范》(JTG D33—2007)计算得到纵向桥台处单桩最不利内力值为:

$$N_{\max} = 2787\text{kN}$$
$$N_{\min} = 469\text{kN}$$
$$V = 320\text{kN}$$
$$M = 525\text{kN} \cdot \text{m}$$

(6)横桥向桥台处单桩最不利内力为:

$$N_{\max} = 1806\text{kN}$$
$$N_{\min} = 1450\text{kN}$$
$$V = 130\text{kN}$$
$$M = 291\text{kN} \cdot \text{m}$$

(7)根据《公路钢筋混凝土与预应力混凝土桥涵设计规范》(JTG D62—2004)和《公路桥涵地基与基础设计规范》(JTG D63—2007)的相关规定,材料强度取设计值,计算单桩在最小轴力下的纵桥向和横桥向的抗弯承载力分别为 2874kN·m 和 3183kN·m,而且单桩的竖向承载能力为 5000kN,因此,E1 地震作用下桥台处单桩的竖向承载力和抗弯承载力均满足要求。

2.5 E2 地震作用下地震反应分析与抗震验算

2.5.1 延性构件的地震位移反应

(1)纵向地震作用

延性构件采用有效刚度计算的纵向周期为:$T = 1.40\text{s}$,反应谱加速度 S

值为：

$$S_{\max} = 2.25A = 2.25 \times 0.40 \times 9.8 = 8.82(\mathrm{m/s^2})$$

$$S = \eta_2 S_{\max} \left(\frac{T_g}{T}\right)^\gamma = 8.82 \times \left(\frac{0.4}{1.40}\right)^{0.9} = 2.86(\mathrm{m/s^2})$$

纵桥向地震等效均布荷载 P_0：

$$P_0 = \frac{SM_t}{L} = \frac{2.86 \times 3589.6}{100} = 102.66(\mathrm{kN/m})$$

根据建立的静力计算模型,考虑延性构件的有效抗弯刚度,计算出在纵桥向均布荷载 P_0 作用下各排架墩顶位移见表 2.5-1。

纵桥向各个排架墩墩顶位移表　　　　表 2.5-1

排架墩号	墩顶位移(m)	排架墩号	墩顶位移(m)
P1	0.080	P3	0.085
P2	0.074		

(2)横向地震作用

延性构件采用有效刚度计算的纵向周期为：$T = 0.46\mathrm{s}$,反应谱加速度 S 值为：

$$S_{\max} = 2.25A = 2.25 \times 0.40 \times 9.8 = 8.82(\mathrm{m/s^2})$$

$$S = \eta_2 S_{\max} \left(\frac{T_g}{T}\right)^\gamma = 8.82 \times \left(\frac{0.4}{0.46}\right)^{0.9} = 7.78(\mathrm{m/s^2})$$

横桥向地震等效均布荷载 P_0：

$$P_0 = \frac{SM_t}{L} = \frac{7.78 \times 3896.2}{100} = 303.12(\mathrm{kN/m})$$

考虑延性构件的有效刚度,计算出在横桥向均布荷载 P_0 作用下各排架墩顶位移见表 2.5-2。

横桥向各排架墩墩顶位移表　　　　表 2.5-2

排架墩号	墩顶位移(m)	排架墩号	墩顶位移(m)
P1	0.038	P3	0.040
P2	0.037		

2.5.2 E2 地震作用下延性构件抗震验算

桥墩为延性构件,根据《规范》第 7.3 节规定,在 E2 阶段需要验算桥墩的位移能力。

1)纵桥向

在进行桥墩纵桥向位移能力验算时,按弹性方法计算出的纵向地震位移应乘以考虑弹塑性效应的地震位移修正系数 R_d。根据《规范》7.3.3 条,R_d 的计算如下:

$$\frac{T^*}{T} = \frac{1.25T_g}{T} = \frac{1.25 \times 0.4}{1.40} = 0.36 \leq 1.0, 取 R_d = 1$$

式中:T_g——反应谱的特征周期;

T——结构的纵桥向自振周期。

根据《规范》7.3.5 条和 7.3.6 条的规定来计算墩柱的纵桥向位移能力,这里以 P1 排架墩为例来说明墩柱位移能力的计算过程,其余各墩的计算以及验算结果见表 2.5-3。

各墩柱纵向位移能力计算表　　　表 2.5-3

墩号	$\phi_y(\mathrm{m}^{-1})$	$\phi_u(\mathrm{m}^{-1})$	$L_p(\mathrm{m})$	θ_u	$\Delta_u(\mathrm{m})$
P1	2.85×10^{-3}	3.29×10^{-2}	0.735 8	1.11×10^{-2}	0.102
P2	2.85×10^{-3}	3.53×10^{-2}	0.695 8	1.13×10^{-2}	0.092
P3	2.85×10^{-3}	3.30×10^{-2}	0.775 8	1.17×10^{-2}	0.118

本算例桥墩采用的纵筋和箍筋均为 HRB335 普通钢筋,混凝土强度等级为 C40。由《规范》附录 B 给出的公式可以计算 P1 墩底圆形截面的屈服曲率 ϕ_y 和极限曲率 ϕ_u:

$$\phi_y = \frac{2.213\varepsilon_y}{D} = \frac{2.213 \times [335\,000/(2.0 \times 10^8)]}{1.3} = 2.85 \times 10^{-3}\,(\mathrm{m}^{-1})$$

$$\varepsilon_{cu} = 0.004 + \frac{1.4\rho_s f_{kh}\varepsilon_{su}^R}{f_{c,ck}} = 0.004 + \frac{1.4 \times 0.004 \times 335\,000 \times 0.09}{1.25 \times 26\,800}$$

$$= 9.04 \times 10^{-3}$$

$$\phi_u = \min \begin{cases} \dfrac{(2.826 \times 10^{-3} + 6.850\varepsilon_{cu}) - (8.575 \times 10^{-3} + 18.638\varepsilon_{cu}) \times \dfrac{P}{f_{ck}A_g}}{D} \\ = 3.29 \times 10^{-2}\,(\mathrm{m}^{-1}) \\ \dfrac{(1.635 \times 10^{-3} + 1.179\varepsilon_s) - (28.739\varepsilon_s^2 + 0.656\varepsilon_s + 0.010) \times \dfrac{P}{f_{ck}A_g}}{D} \\ = 5.41 \times 10^{-2}\,(\mathrm{m}^{-1}) \end{cases}$$

式中:ε_y——相应于钢筋屈服时的应变,纵筋的抗压强度标准值为 335 000kPa,

弹性模量为 $2.0 \times 10^8 \text{kPa}$；

D——圆形墩柱截面的直径，这里墩柱的直径为 1.3m；

P——墩底截面所受到的轴力，根据表 2.4-3，这里 P1 排架墩墩柱轴力取值为 4 415kN；

f_{ck}——混凝土抗压强度标准值，这里 C40 混凝土取值为 26 800kPa；

A_g——混凝土截面面积；

ε_s——钢筋极限拉应变，可取 0.09；

ε_{cu}——约束混凝土的极限压应变；

ρ_s——约束钢筋的体积配箍率，这里取 0.008；

f_{kh}——箍筋抗拉强度标准值，HRB335 箍筋取值为 335 000kPa；

$f_{c,ck}$——约束混凝土的峰值压力，一般可取 1.25 倍的混凝土抗压强度标准值；

ε_{su}^R——约束钢筋的折减极限应变，一般取值为 0.09。

等效塑性铰长度 L_p 可以根据《规范》中式(7.3.5-2)计算如下：

$$L_p = 0.08H + 0.022f_y d_s$$
$$= 0.08 \times 625 + 0.022 \times 335 \times 3.2$$
$$= 73.58(\text{cm}) = 0.7358\text{m} \geq 0.044 f_y d_{bl}$$

式中：H——悬臂墩的高度或塑性铰截面到反弯点的距离，对于 P1 排架墩来说，H 取为 625cm；

f_y——纵向钢筋的抗拉强度标准值，这里取值为 335MPa；

d_{bl}——纵向主筋的直径，这里取值为 3.2cm。

塑性铰区的最大容许转角 θ_u 计算如下：

$$\theta_u = \frac{L_p(\phi_u - \phi_y)}{K} = \frac{0.7358 \times 3.01 \times 10^{-2}}{2} = 1.11 \times 10^{-2}$$

式中：K——延性安全系数，取 2.0。

因此，P1 排架墩的墩顶容许位移 Δ_u 计算如下：

$$\Delta_u = \frac{1}{3}H^2 \times \phi_y + \left(H - \frac{L_p}{2}\right) \times \theta_u$$
$$= \frac{1}{3} \times 6.25^2 \times 2.85 \times 10^{-3} + \left(6.25 - \frac{0.7358}{2}\right) \times 1.11 \times 10^{-2}$$
$$= 0.102(\text{m})$$

由表 2.5-1 和表 2.5-3 可以看出，在 E2 地震作用下各排架墩的纵向位移能力均能满足要求。

2) 横桥向

在进行桥墩横向位移能力验算时,按弹性方法计算出的横向地震位移应乘以考虑弹塑性效应的地震位移修正系数 R_d,横桥向的修正系数 R_d 计算如下:

$$\frac{T^*}{T} = \frac{1.25 T_g}{T} = \frac{1.25 \times 0.4}{0.46} = 1.09 > 1.0$$

$$R_d = \left(1 - \frac{1}{\mu_D}\right)\frac{T^*}{T} + \frac{1}{\mu_D} = 1.06$$

式中:T_g——反应谱的特征周期;

T——结构的横桥向自振周期;

μ_D——桥墩构件延性系数,一般情况可取3。

在考虑位移修正系数 R_d 后各墩顶实际位移需求见表2.5-4。

考虑位移修正系数后横向各排架墩顶位移表　　　表2.5-4

排架墩号	墩顶位移(m)	排架墩号	墩顶位移(m)
P1	0.040	P3	0.042
P2	0.039		

对于双柱墩和多柱墩桥梁,横桥向地震作用下,会在墩柱中产生较大的动轴力,而墩柱轴力的变化会引起钢筋混凝土墩柱抗弯承载力的改变。因此,根据《规范》7.3.7条的规定计算排架墩的横桥向容许位移。在盖梁处施加水平力 F(图2.5-1),采用非线性静力分析,当墩柱的任一塑性铰达到其最大容许转角或塑性铰区域截面极限曲率时,盖梁处的横向水平位移即为容许位移。

注:最大容许曲率为极限破坏状态的曲率能力除以安全系数,安全系数取2。

表2.5-5给出了各个排架墩横桥向容许位移,下面以P1排架墩为例,对其横向容许位移的计算过程做以下说明:

(1)首先建立图2.5-1所示的非线性静力计算模型,其中,盖梁采用弹性梁单元模拟,立柱采用带塑性铰的弹塑性梁单元模拟。

(2)由于在进行横向框架的非线性静力分析(Pushover分析)过程中,墩柱的轴力是不断变化的,因此这里采用 P-M 塑性铰形式考虑轴力和弯矩的相互作用,本例中在P1排架墩墩顶和墩底截面设置 P-M 塑性铰,一共设置6个塑性铰。

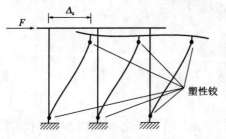

图2.5-1 三柱排架墩的容许位移

(3)根据《公路钢筋混凝土及预应力混凝土桥涵设计规范》(JTG D62—2004)的相关规定,按照截面实配钢筋,可以计算出 P1 排架墩墩柱截面的轴力-弯矩(P-M)相关曲线,如图 2.5-2 所示。

(4)根据《规范》附录 B 的相关公式,可以得到圆形墩柱截面在不同轴力下的屈服曲率和极限曲率,根据《规范》中式(7.3.6)可以得到各个轴力下塑性铰区域的最大容许转角 θ_u,图 2.5-3 给出了 P1 排架墩墩柱截面的轴力 P 与最大容许转角 θ_u 的关系曲线。

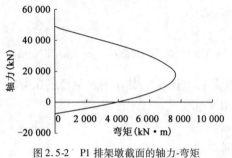

图 2.5-2　P1 排架墩截面的轴力-弯矩相关曲线

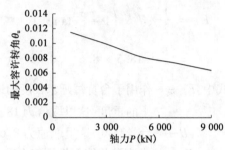

图 2.5-3　P1 排架墩截面的轴力-最大容许转角关系曲线

(5)首先进行 P1 排架墩重力荷载工况分析(考虑主梁等上部结构传递给横向框架的重力荷载),得到各个墩柱初始的恒载内力状态。

(6)在恒载分析结果的基础上,在盖梁处施加横向水平力,进行非线性静力分析(Pushover 分析)。当任一塑性铰率先达到其最大容许转角 θ_u 时,此时盖梁处的位移即整个框架的横向容许位移,对于 P1 排架墩来说,计算得到的横向容许位移为 0.058m。

根据表 2.5-4 和表 2.5-5 可以看出,在 E2 地震作用下所有排架墩横桥向的位移能力满足要求。

各排架墩横桥向容许位移表　　表 2.5-5

墩　号	容许位移(m)	墩　号	容许位移(m)
P1	0.058	P3	0.084
P2	0.049		

2.5.3　桥台抗震验算

与 2.4.2 节所述的 E1 地震作用下桥台验算方法一致,E2 地震作用下桥台处最不利单桩的计算和验算过程如下所示。

(1)桥台台身的水平地震力计算:

$$E_{hau} = M_{au}A = 654 \times 0.40 \times 9.8 = 2564(kN)$$

式中:E_{hau}——作用于台身重心处的水平地震作用力;

M_{au}——基础顶面以上台身的质量,这里取值为654t;

A——E2 地震作用下水平向地震动峰值加速度,取值为0.40g。

(2)桥台台背作用的地震主动土压力计算,其作用点距承台底0.4H:

$$K_A = \frac{\cos^2\varphi_A}{(1+\sin\varphi_A)^2} = \frac{\cos^2 20°}{(1+\sin 20°)^2} = 0.49$$

$$E_{ea} = \frac{1}{2}\gamma_s H^2 K_A \left(1 + \frac{3A}{g}\tan\varphi_A\right)$$

$$= \frac{1}{2} \times 18.5 \times 8.6^2 \times 0.49 \times (1 + 3 \times 0.40 \times \tan 20°) = 380(kN/m)$$

式中:E_{ea}——作用于台背每延米长度的地震主动土压力,其作用点距台底0.4H;

γ_s——土的重度,这里取值为18.5kN/m³;

H——台身高度,这里取值为8.6m;

K_A——非地震条件下作用于台背的主动土压力系数;

φ_A——台背土的内摩擦角,这里取值为20°;

A——E2 地震作用下水平向地震动峰值加速度,取值为0.40g。

(3)纵桥向作用于承台底的组合内力计算:

$$N = 654 \times 9.8 + 3360 = 9769(kN)$$

$$V = 2564 + 380 \times 3 = 3704(kN)$$

$$M = 2564 \times 0.5 \times 8.6 + 380 \times 3 \times 0.4 \times 8.6 = 14947(kN \cdot m)$$

(4)横桥向作用于承台底的组合内力计算:

$$N = 654 \times 9.8 + 3360 = 9769(kN)$$

$$V = 2564 kN$$

$$M = 2564 \times 0.5 \times 8.6 = 11025(kN \cdot m)$$

(5)按照《公路桥涵地基与基础设计规范》(JTG D63—2007)计算得到纵向桥台处单桩最不利内力值为:

$$N_{max} = 3950 kN$$

$$N_{min} = -694 kN$$

$$V = 617 kN$$

$$M = 992 kN \cdot m$$

(6)横桥向桥台处单桩最不利内力为:

$$N_{max} = 2210 kN$$

$$N_{\min} = 1\,046\text{kN}$$
$$V = 427\text{kN}$$
$$M = 955\text{kN}\cdot\text{m}$$

(7)根据《公路钢筋混凝土与预应力混凝土桥涵设计规范》(JTG D62—2004)和《公路桥涵地基与基础设计规范》(JTG D63—2007)的相关规定,材料强度取标准值,计算单桩在最小轴力下的纵桥向和横桥向的抗弯承载力分别为 2 939kN·m 和 3 574kN·m,而且单桩的竖向承载能力为 5 000kN,因此,E2 地震作用下桥台处单桩的竖向承载力和抗弯承载力均满足要求。

2.5.4 能力保护构件计算与验算

1)墩柱超强弯矩计算

能力保护构件计算和验算的前提是要计算各塑性铰区域超强弯矩,以 P1 排架为例介绍纵桥向和横桥向墩柱塑性铰区域超强弯矩的计算过程,其他排架的计算结果见表 2.5-7 和表 2.5-8,计算超强弯矩时材料强度要采用标准值。

(1)纵桥向

根据《公路钢筋混凝土及预应力混凝土桥涵设计规范》(JTG D62—2004)计算 P1 排架墩各个墩柱墩底截面恒载轴力作用下的抗弯承载力,考虑超强系数 1.2,可以得到纵桥向墩柱塑性铰区域截面的超强弯矩,采用如下计算公式:

$$M_{y0} = \phi^0 M_u \qquad (2.5\text{-}1)$$

式中:M_{y0}——纵桥向超强弯矩;

M_u——按截面实配钢筋,采用材料强度标准值,在恒载轴力作用下计算出的纵桥向抗弯承载力;

ϕ^0——桥墩正截面抗弯承载力超强弯矩系数,取值为 1.2。

计算出的纵桥向各立柱塑性铰区域截面超强弯矩见表 2.5-6。

纵桥向各排架墩墩底塑性铰截面超强弯矩表　　表 2.5-6

排架	墩柱	恒载轴力 (kN)	抗弯承载力 M_u (kN·m)	超强弯矩 M_{y0} (kN·m)
P1	边柱	3 492	5 105	6 126
	中柱	4 415	5 458	6 550
P2	边柱	2 942	4 852	5 822
	中柱	3 783	5 171	6 205
P3	边柱	3 532	5 141	6 169
	中柱	4 379	5 467	6 560

(2)横桥向

排架墩横桥向超强弯矩可按照《规范》6.6.4条的步骤进行迭代计算,以P1排架墩为例,迭代过程如下:

①建立P1排架墩计算模型,如图2.5-4所示,模型中盖梁采用弹性梁柱单元模拟,立柱采用带塑性铰的弹塑性梁柱单元模拟。

②假设墩柱轴力为恒载轴力。

③按截面实配钢筋,采用材料强度标准值,按式 $M_{y0} = \phi^0 M_u$ 计算出各墩柱塑性铰区域截面超强弯矩,如表2.5-7的首次计算。

④计算各墩柱相应于其超强弯矩的剪力值,并按下式计算各墩柱剪力值之和 $V(\mathrm{kN})$:

$$V = \sum_{i}^{N} V_i = 2205 \times 2 + 2349 = 6759(\mathrm{kN})$$

⑤将 V 施加于盖梁质心处,计算各墩柱所产生的轴力,并计算出相应于轴力的超强弯矩,如表2.5-7的第二次计算。

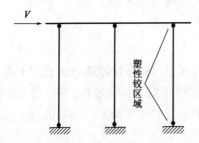

图2.5-4 超强弯矩计算模式

P1排架墩横桥向超强弯矩计算过程表 表2.5-7

	墩柱	截面位置	超强弯矩(kN·m)	剪力(kN)	轴力(kN)
首次计算	受压边柱	墩顶	6 031	2 205	1 716
		墩底	6 097		
	中柱	墩顶	6 427	2 349	237
		墩底	6 493		
	受拉边柱	墩顶	6 031	2 205	1 716
		墩底	6 097		
第二次计算	受压边柱	墩顶	6 766	2 472	1 703
		墩底	6 832		
	中柱	墩顶	6 328	2 313	235
		墩底	6 391		
	受拉边柱	墩顶	5 243	1 920	1 703
		墩底	5 317		

由表2.5-7可以看出,第二次计算出的P1排架墩各柱的剪力和与首次计算时相差在10%以内,因此迭代终止,第二次计算后得到的超强弯矩即为各个截

面横桥向超强弯矩的最终值。

采用与 P1 排架墩相同的迭代方法,可以计算出其余各排架墩横桥向塑性铰区域截面的超强弯矩及对应的轴力,见表 2.5-8。

横桥向各排架墩塑性铰截面超强弯矩及对应产生的轴力表　表 2.5-8

排架	墩柱	截面位置	轴力(kN)	超强弯矩(kN·m)
P1	受压边柱	墩顶	1 703	6 758
		墩底	1 703	6 827
	中柱	墩顶	235	6 329
		墩底	235	6 392
	受拉边柱	墩顶	1 703	5 249
		墩底	1 703	5 323
P2	受压边柱	墩顶	1 521	6 452
		墩底	1 521	6 514
	中柱	墩顶	225	6 067
		墩底	225	6 126
	受拉边柱	墩顶	1 521	5 054
		墩底	1 521	5 135
P3	受压边柱	墩顶	1 820	6 822
		墩底	1 820	6 888
	中柱	墩顶	235	6 307
		墩底	235	6 378
	受拉边柱	墩顶	1 820	5 204
		墩底	1 820	5 287

2) 支座

由于横桥向采用混凝土挡块,并假设混凝土挡块足够强,因此仅需进行纵桥向地震作用下板式橡胶支座的性能验算。支座应按照能力保护构件设计,根据《规范》7.4.5 条的规定,板式橡胶支座需进行支座厚度和抗滑稳定性的验算。下面以 P1 排架墩上的板式橡胶支座为例,其验算过程如下所示,表 2.5-9 给出了所有排架墩上支座的验算结果。

根据纵桥向 P1 排架墩各个墩柱的超强弯矩,计算该排架总的剪力设计值:

$$\sum V_{c0} = \sum \frac{M_{y0}}{H} = \frac{6\ 126 \times 2 + 6\ 550}{7.25} = 2\ 593 (\text{kN})$$

单个支座的水平剪力设计值为:

$$V_{c0} = \frac{\sum V_{c0}}{28} = \frac{2593}{28} = 93(\text{kN})$$

由水平剪力设计值计算出支座纵桥向水平位移:

$$X_B = \frac{V_{c0}}{K_{支座}} = \frac{93}{2550} = 0.036(\text{m})$$

支座的厚度验算:

$$\sum t = 0.039\text{m} > \frac{X_B}{\tan\gamma} = X_B = 0.036\text{m}$$

单个支座在恒载作用下的竖向反力为:

$$R_b = 345\text{kN}$$

支座的抗滑稳定性验算:

$$\mu_d R_b = 0.10 \times 345 = 34.5(\text{kN}) < V_{c0} = 93\text{kN}$$

式中,μ_d 为橡胶支座与钢板表面的动摩阻系数,这里取为 0.10。

各排架墩上板式橡胶支座性能验算表　　　　　表 2.5-9

排架	V_{c0} (kN)	R_b (kN)	X_B(m)	$\sum t$ (m)	厚度验算	抗滑稳定性验算
P1	93	345	0.036	0.039	通过	不通过
P2	94	287	0.037	0.039	通过	不通过
P3	87	345	0.034	0.039	通过	不通过

由此可见,板式橡胶支座的厚度满足抗震要求,但其抗滑稳定性不满足抗震要求,因此需要将支座顶部和底部分别与梁底和墩顶连接,以满足支座的抗滑性要求。

3）基础

根据《规范》7.4.3 条规定,对于低桩承台基础,弯矩、剪力和轴力的设计值应根据墩柱可能出现塑性铰处截面超强弯矩及其对应的剪力、墩柱恒载轴力,并考虑承台的贡献来计算。下面以 P1 排架墩为例,介绍其最不利单桩内力的计算和验算过程,其余各排架墩的计算和验算结果如表 2.5-10 和表 2.5-11 所示。

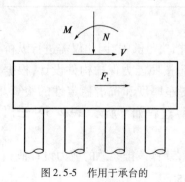

图 2.5-5　作用于承台的内力示意图

如图 2.5-5 所示,在进行桩基础内力计算时,作用于承台底的内力包含:①根据能力保护原则计算出作用于承台顶的内力;②承台自身水平地震惯性力;③恒载自身的作用力。

各排架墩单桩最不利截面抗弯能力验算表　　表2.5-10

地震动输入	排架号	最小轴力（kN）	剪力需求（kN）	弯矩需求（kN·m）	抗弯承载力（kN·m）	验算结果
纵桥向	P1	-1 037	600	799	2 806	通过
	P2	-1 201	608	789	2 746	通过
	P3	-975	574	776	2 828	通过
横桥向	P1	520	1 285	2 870	3 385	通过
	P2	200	1 346	3 009	3 277	通过
	P3	614	1 192	2 661	3 419	通过

各排架墩单桩最不利截面竖向承载能力验算表　　表2.5-11

地震动输入	排架号	最大轴力（kN）	单桩竖向承载力（kN）	验算结果
纵桥向	P1	5 676	10 000	通过
	P2	5 261	10 000	通过
	P3	5 627	10 000	通过
横桥向	P1	4 118	10 000	通过
	P2	3 860	10 000	通过
	P3	4 038	10 000	通过

注:表中的单桩竖向承载力为考虑提高系数后的值。

《规范》6.6.9条规定,根据能力保护原则计算出作用于承台顶的内力,其计算公式如下所示:

$$M = \sum M_{y0}$$
$$V = \frac{\sum M_{y0}}{H} \tag{2.5-2}$$

式中:M——作用于承台顶的弯矩,即墩底塑性铰区域的超强弯矩之和;

$\sum M_{y0}$——所有塑性铰区域的超强弯矩之和,对于纵桥向即所有墩底截面塑性铰区域的超强弯矩之和;对于横桥向为所有墩底、墩顶截面塑性铰区域的超强弯矩之和;

H——墩柱的计算高度,对于纵桥向,应取墩底至支座顶的距离;横桥向取墩柱的净高度;

V——作用于承台顶的剪力。

(1) 纵桥向单桩最不利内力计算

由表2.5-6,根据能力保护原则计算出作用于P1排架墩承台顶的内力为:

$$M = 6\,126 \times 2 + 6\,550 = 18\,802(\text{kN} \cdot \text{m})$$

$$V = \frac{6\,126 \times 2 + 6\,550}{5.5 + 1.5 + 0.25} = 2\,593(\text{kN})$$

承台自身的水平地震惯性力为:

$$F_t = m_t A = 256.5 \times 0.4 \times 9.8 = 1\,005(\text{kN})$$

作用于承台底的恒载作用力为:

$$N = 3\,492 \times 2 + 4\,415 + 256.5 \times 9.8 = 13\,913(\text{kN})$$

因此,承台底的组合轴力、剪力和弯矩分别为:

$$N = 13\,913\text{kN}$$

$$V = 2\,593 + 1\,005 = 3\,598(\text{kN})$$

$$M = 1\,005 \times 1 + 18\,802 + 2\,593 \times \left(2 + \frac{0.735\,8}{2}\right) = 25\,947(\text{kN} \cdot \text{m})$$

按照《公路桥涵地基与基础设计规范》(JTG D63—2007)可以计算得到P1排架墩纵桥向最不利受力单桩最不利截面内力值为:

$$N_{\max} = 5\,677\text{kN}$$

$$N_{\min} = -1\,037\text{kN}$$

$$V = 600\text{kN}$$

$$M = 799\text{kN} \cdot \text{m}$$

(2) 横桥向单桩最不利内力计算

由表2.5-8,根据能力保护原则计算出作用于P1排架墩承台顶的内力为:

$$M = 6\,758 + 6\,827 + 6\,329 + 6\,392 + 5\,249 + 5\,323 = 36\,911(\text{kN} \cdot \text{m})$$

$$V = 36\,878/5.5 = 6\,705(\text{kN})$$

承台自身的水平地震惯性力:

$$F_t = m_t A = 256.5 \times 0.4 \times 9.8 = 1\,005(\text{kN})$$

作用于承台底的恒载作用力为:

$$N = 3\,492 \times 2 + 4\,415 + 256.5 \times 9.8 = 13\,913(\text{kN})$$

因此,承台底的组合轴力、剪力和弯矩分别为:

$$N = 13\,913\text{kN}$$

$$V = 6\,705 + 1\,005 = 7\,710(\text{kN})$$

$$M = 1\,005 \times 1 + (6\,827 + 6\,392 + 5\,323) + 6\,705 \times \left(2 + \frac{0.486}{2}\right)$$

$$= 34\,586(\text{kN} \cdot \text{m})$$

按照《公路桥涵地基与基础设计规范》(JTG D63—2007)可以计算得到 P1 排架墩横向单桩最不利内力值为：

$$N_{\max} = 4\,091\text{kN}$$
$$N_{\min} = 343\text{kN}$$
$$V = 1\,286\text{kN}$$
$$M = 2\,860\text{kN} \cdot \text{m}$$

(3) 最不利单桩抗弯承载力验算

根据《公路钢筋混凝土及预应力混凝土桥涵设计规范》(JTG D62—2004)的相关规定，考虑最不利荷载组合，即在单桩轴力最小时，根据实际的桩基础截面配筋，计算桩身的抗弯承载力，从而验算最不利单桩抗弯强度。

(4) 最不利单桩竖向承载力验算

根据最大单桩轴力来验算单桩竖向承载力，单桩竖向承载力可以根据《公路桥涵地基与基础设计规范》(JTG D63—2007)的相关规定计算，这里作为已知条件直接给出，而且《规范》4.4.1 条规定，E2 地震作用下，在非液化土中，单桩的抗压承载力可以提高至原来的 2 倍。

4) 桥墩抗剪

根据《规范》7.4.2 条的规定，需要对墩柱塑性铰区域的斜截面抗剪强度进行检算，保证墩柱作为能力保护构件不发生剪切破坏，下面以 P1 排架墩为例，对其斜截面抗剪能力进行验算，过程如下所示，各排架墩的斜截面抗剪能力验算结果见表 2.5-12 和表 2.5-13。

各排架墩柱纵桥向斜截面抗剪强度验算表　　　　表 2.5-12

排架号	墩柱	剪力设计值(kN)	抗剪强度(kN)	验算结果
P1	边柱	845	2 513	通过
	中柱	903	2 513	通过
P2	边柱	863	2 478	通过
	中柱	1 241	2 513	通过
P3	边柱	1 028	2 513	通过
	中柱	1 093	2 513	通过

各排架墩柱横桥向斜截面抗剪强度验算表　　　　表 2.5-13

排架号	墩柱	剪力设计值（kN）	抗剪强度（kN）	验算结果
P1	受压柱	2 470	2 513	通过
	中柱	2 313	2 513	通过
	受拉柱	1 922	2 469	通过
P2	受压柱	2 593	2 513	通过
	中柱	2 439	2 513	通过
	受拉柱	2 038	2 369	通过
P3	受压柱	2 742	2 513	通过
	中柱	2 537	2 513	通过
	受拉柱	2 098	2 405	通过

(1) 纵桥向

根据表 2.5-6，得到 P1 排架墩中柱墩底塑性铰区域截面的超强弯矩和剪力设计值分别为：

$$M_{y0} = 6\ 550\mathrm{kN \cdot m}$$

$$V = \frac{M_{y0}}{H} = \frac{6\ 550}{5.5 + 1.5 + 0.25} = 903(\mathrm{kN})$$

P1 排架墩墩柱纵桥向位移延性系数计算如下：

$$\mu_\Delta = \frac{\Delta_d}{\Delta_y}$$

$$= \frac{0.08}{\frac{1}{3} \times 7.25^2 \times 2.85 \times 10^{-3}}$$

$$= 1.60$$

式中：Δ_y——墩柱塑性铰屈服时的纵桥向墩顶位移；

Δ_d——墩柱纵桥向地震位移需求，由表 2.5-1 可以得到。

根据《规范》7.4.2 条，墩柱塑性铰区域沿纵桥向斜截面抗剪能力应按照下列公式计算：

$$\rho_s = \frac{4A_{sp}}{sD} = \frac{\pi \times 1.8^2}{10 \times 120} = 0.008\ 5$$

$$\mu_\Delta = 1.60$$

第2章 规则桥梁抗震设计算例

$$\lambda = \frac{\rho_s f_{yh}}{10} + 0.38 - 0.1\mu_\Delta = \frac{0.0085 \times 280}{10} + 0.38 - 0.1 \times 1.60$$

$$= 0.46 > 0.3, \lambda = 0.3$$

$$v_c = \lambda\left(1 + \frac{P}{1.38 A_g}\right)\sqrt{f_{cd}} = 0.3 \times \left(1 + \frac{4399}{1.38 \times 13273}\right) \times \sqrt{18.4}$$

$$= 1.60(\text{MPa}), \min\{0.355\sqrt{f_{cd}}, 1.47\lambda\sqrt{f_{cd}}\} = 1.52\text{MPa}, 取 v_c = 1.52$$

$$V_u = \phi\left(0.1 v_c A_e + 0.1 \times \frac{\pi}{2} \frac{A_{sp} f_{yh} D'}{s}\right)$$

$$= 0.85 \times \left(0.1 \times 1.52 \times 0.8 \times 13273 + 0.1 \times \frac{\pi}{2} \times \frac{2.545 \times 280 \times 120}{10}\right)$$

$$= 2513(\text{kN}) > 903\text{kN}$$

式中：V_u——墩柱塑性铰区域斜截面抗剪承载力；

ρ_s——墩柱塑性铰区域的配箍率；

A_{sp}——螺旋箍筋面积，桥墩箍筋直径为 1.8cm；

s——箍筋的间距，这里取 10cm；

D'——螺旋箍筋环的直径，这里取 120cm；

μ_Δ——墩柱位移延性系数，为墩柱地震位移需求与墩柱塑性铰屈服时的位移之比；

f_{yh}——箍筋抗拉强度设计值，这里取为 280MPa；

v_c——塑性铰区域混凝土抗剪强度；

f_{cd}——混凝土抗压强度设计值，对于 C40 混凝土取 18.4MPa；

P——墩柱截面的最小轴压力；

A_g——墩柱塑性铰区域截面全面积；

A_e——核芯混凝土面积，可取 $0.8A_g$；

ϕ——抗剪强度折减系数，一般取为 0.85。

由此可见，P1 排架墩中柱的纵桥向抗剪强度满足要求。

(2) 横桥向

根据表 2.5-8，得到 P1 排架墩受压侧墩柱塑性铰区剪力设计值：

$$V_{c0} = \frac{\sum M}{H} = \frac{6758 + 6827}{5.5} = 2470(\text{kN})$$

受拉侧墩柱塑性铰区剪力设计值：

$$V_{t0} = \frac{\sum M}{H} = \frac{5249 + 5323}{5.5} = 1922(\text{kN})$$

P1 排架墩墩柱横桥向位移延性系数计算如下：

$$\mu_\Delta = \frac{\Delta_d}{\Delta_y}$$

$$= \frac{0.038}{\frac{1}{3} \times (5.5/2)^2 \times 2.85 \times 10^{-3} \times 2}$$

$$= 2.64$$

式中：Δ_y——墩柱塑性铰屈服时的墩顶横向位移；

Δ_d——墩柱横桥向地震位移需求，由表2.5-2可以得到。

受压侧斜截面抗剪强度验算（计算中参数符号说明参照纵桥向计算过程）：

$$\rho_s = \frac{4A_{sp}}{sD} = \frac{\pi \times 1.8^2}{10 \times 120} = 0.0085$$

$$\mu_\Delta = 2.64$$

$$\lambda = \frac{\rho_s f_{yh}}{10} + 0.38 - 0.1\mu_\Delta = \frac{0.0085 \times 280}{10} + 0.38 - 0.1 \times 2.64$$

$$= 0.354 > 0.3, \lambda = 0.3$$

$$v_c = \lambda\left(1 + \frac{P}{1.38 A_g}\right)\sqrt{f_{cd}} = 0.3 \times \left(1 + \frac{4\,391}{1.38 \times 13\,273}\right) \times \sqrt{18.4}$$

$$= 1.60(\text{MPa}), \min\{0.355\sqrt{f_{cd}}, 1.47\lambda\sqrt{f_{cd}}\} = 1.52\text{MPa}, 取 v_c = 1.52\text{MPa}$$

$$V_u = \phi\left(0.1 v_c A_e + 0.1 \times \frac{\pi}{2} \frac{A_{sp} f_{yh} D'}{s}\right)$$

$$= 0.85 \times \left(0.1 \times 1.52 \times 0.8 \times 13\,273 + 0.1 \times \frac{\pi}{2} \times \frac{2.545 \times 280 \times 120}{10}\right)$$

$$= 2\,513(\text{kN})$$

受拉侧斜截面抗剪强度验算（计算中参数符号说明参照纵桥向计算过程）：

$$\rho_s = \frac{4A_{sp}}{sD} = \frac{\pi \times 1.8^2}{10 \times 120} = 0.0085$$

$$\mu_\Delta = 2.64$$

$$\lambda = \frac{\rho_s f_{yh}}{10} + 0.38 - 0.1\mu_\Delta = \frac{0.0085 \times 280}{10} + 0.38 - 0.1 \times 2.64$$

$$= 0.354 > 0.3, \lambda = 0.3$$

$$v_c = \lambda\left(1 + \frac{P}{1.38 A_g}\right)\sqrt{f_{cd}} = 0.3 \times \left(1 + \frac{2\,593}{1.38 \times 13\,273}\right) \times \sqrt{18.4}$$

$$= 1.47(\text{MPa}), \min\{0.355\sqrt{f_{cd}}, 1.47\lambda\sqrt{f_{cd}}\} = 1.52\text{MPa}, 取 v_c = 1.47\text{MPa}$$

$$V_u = \phi\left(0.1 v_c A_e + 0.1 \times \frac{\pi}{2} \frac{A_{sp} f_{yh} D'}{s}\right)$$

$$= 0.85 \times \left(0.1 \times 1.47 \times 0.8 \times 13\,273 + 0.1 \times \frac{\pi}{2} \times \frac{2.545 \times 280 \times 120}{10}\right)$$
$$= 2\,469(\text{kN})$$

由此可见,P1 排架墩受压侧和受拉侧柱的横桥向抗剪强度满足要求。

5) 盖梁

盖梁作为能力保护构件,需要根据《规范》7.4.4 条的规定,按现行行业标准《公路钢筋混凝土及预应力混凝土桥涵设计规范》(JTG D62—2004)验算其正截面抗弯强度和斜截面抗剪强度,盖梁的弯矩设计值、剪力设计值需要和永久作用组合,根据《规范》6.6 节计算。盖梁的计算和验算步骤如下所示,图 2.5-6 给出了盖梁各个关键截面的编号,横桥向各排架墩的盖梁关键截面验算结果见表 2.5-14 和表 2.5-15。

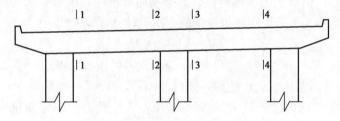

图 2.5-6 盖梁验算截面位置示意图

各排架墩盖梁关键截面正截面抗弯承载力验算表   表 2.5-14

排架号	盖梁截面	恒载弯矩 (kN·m)	柱顶超强弯矩 (kN·m)	弯矩设计值 (kN·m)	抗弯承载力 (kN·m)	验算结果
P1	1-1	1 241	6 758	7 999	10 940	通过
	2-2	1 338	6 329	4 991	10 940	通过
	3-3	1 338	6 329	7 667	10 940	通过
	4-4	1 241	5 249	4 008	10 940	通过
P2	1-1	1 060	6 452	7 512	10 940	通过
	2-2	1 118	6 067	4 949	10 940	通过
	3-3	1 118	6 067	7 185	10 940	通过
	4-4	1 060	5 054	3 994	10 940	通过
P3	1-1	1 256	6 822	8 078	10 940	通过
	2-2	1 319	6 307	4 988	10 940	通过
	3-3	1 319	6 307	7 626	10 940	通过
	4-4	1 256	5 204	3 948	10 940	通过

各排架墩盖梁截面斜截面抗剪强度验算表　　表2.5-15

排架号	盖梁截面	超强弯矩 （kN·m）	剪力设计值 （kN）	抗剪强度 （kN）	验算结果
P1	边柱处	13 128	4 450	5 817	通过
	中柱处	13 128			
P2	边柱处	13 128	4 450	5 817	通过
	中柱处	13 128			
P3	边柱处	13 128	4 450	5 817	通过
	中柱处	13 128			

(1)延性桥墩盖梁弯矩设计值 M_{p0} 为墩柱顶端截面超强弯矩和恒载作用产生弯矩的叠加,恒载产生的弯矩可以根据横向支座的布置形式采用静力模型计算,由《规范》6.6.7条规定可得盖梁的弯矩设计值计算公式：

$$M_{p0} = M_{hc}^{s} + M_{G} \tag{2.5-3}$$

式中：M_{hc}^{s}——墩柱顶端截面超强弯矩(应分别考虑正负弯矩)(kN·m)；

M_{G}——由结构恒载产生的弯矩(kN·m)。

(2)盖梁的剪力设计值 V_{c0} 可根据盖梁左右端截面的正截面抗弯承载力计算得到,依据《规范》6.6.8条规定可得其计算公式：

$$V_{c0} = \frac{M_{pc}^{R} + M_{pc}^{L}}{L_0} \tag{2.5-4}$$

式中：M_{pc}^{L}、M_{pc}^{R}——盖梁左右端截面按实配钢筋,采用材料强度标准值计算出的正截面抗弯承载力(kN·m)；

L_0——盖梁的净跨度(m)。

(3)根据《公路钢筋混凝土及预应力混凝土桥涵设计规范》(JTG D62—2004)验算盖梁正截面抗弯强度和斜截面抗剪强度是否满足要求。

第3章 非规则桥梁抗震设计算例

3.1 概述

在地形、地貌变化较大的地区,桥梁结构在线路中往往占很大比例,这些线路中的桥梁最为显著的特点便是其墩高相差悬殊,桥墩刚度差异大;这类桥梁都属于典型的非规则桥梁,其地震反应复杂,地震作用下潜在破坏位置不明确。本章将对某墩高变化桥梁进行地震反应分析与验算,以期认识该类桥梁在地震作用下的破坏特点,并对该类桥梁的抗震设计提供参考。

3.2 工程概况与地震动输入

3.2.1 工程概况

西安地区某连续梁桥(4×25m),桥梁立面布置见图3.2-1;桥宽20.5m,上部结构采用装配式预应力混凝土简支转连续小箱梁;下部结构桥台采用肋板式桥台,桥墩采用三柱排架墩,横断面见图3.2-2;基础为桩基础,基础布置见图3.2-3。

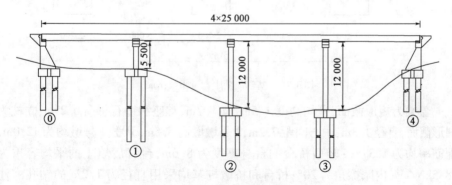

图 3.2-1 桥梁立面图(尺寸单位:mm)

排架墩墩顶均采用 GYZ325×55 型板式橡胶支座,每个墩上设置28个支座,两边桥台上采用 GYZF₄250×54 型四氟滑板式橡胶支座,桥墩横向均设置混凝土挡块。

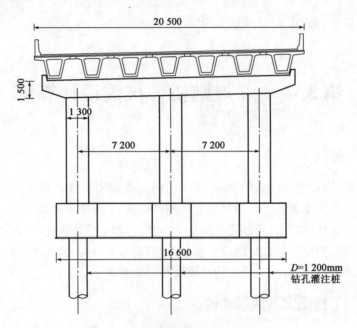

图 3.2-2 桥梁横断面图(尺寸单位:mm)

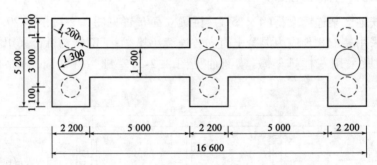

图 3.2-3 基础布置图(尺寸单位:mm)

盖梁为矩形截面,平均高度 1.5m,宽 1.7m,支座和垫石总高 0.25m;立柱为圆形截面,直径 1.3m,中心间距 7.2m,2 号墩墩高 5.5m,3 号、4 号墩均为 12.0m,配筋率均为 1.37%;轻型桥台的台身高度为 8.6m,台背后填土的平均容重为 18.5kN/m^3,内摩擦角为 20°;桥台和桥墩桩基均采用直径为 1.2m 的钻孔灌注桩,桩长 35m,配筋率为 1.75%,墩柱与桩身配筋见图 3.2-4。上部结构、墩柱、基础分别采用 C50、C40、C30 混凝土。根据《公路钢筋混凝土及预应力混凝土桥涵设计规范》(JTG D62—2004),可以得到所用的钢筋和混凝土的材料特性,见表 3.2-1。

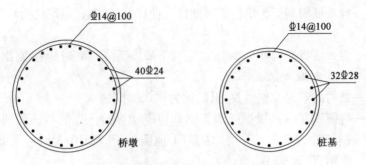

图 3.2-4 墩柱配筋与基础配筋(尺寸单位:mm)

混凝土和钢筋材料特性表　　　　表 3.2-1

材　料	强度标准值(MPa)	强度设计值(MPa)	弹性模量(MPa)
C30 混凝土	20.1	13.8	3.00×10^4
C40 混凝土	26.8	18.4	3.25×10^4
C50 混凝土	32.4	22.4	3.45×10^4
HRB335 普通钢筋	335	280	2.00×10^5

3.2.2 地震动输入

根据《规范》3.1.1 条规定,该桥是位于交通枢纽位置上的桥梁,按城市桥梁抗震设防分类为乙类。根据《规范》3.3.3 条规定,乙类桥梁在 8 度设防区应采用 A 类抗震设计方法。

根据现行的《中国地震动参数区划图》,桥梁所处地区的设计基本加速度峰值为 0.20g,地震分区为第一区,该场地类别为 Ⅱ 类场地,设计加速度反应谱特征周期为 0.35s,在计算 8 度 E2 地震作用时,特征周期宜增加 0.05s。根据《规范》3.2.2 条规定,乙类桥梁 E1 和 E2 的水平向地震峰值加速度 A 在所处地区设计基本加速度峰值的基础上考虑地震调整系数 C_i:E1 地震作用为 0.61,E2 地震作用为 2.0。

根据《规范》5.2.1 条规定,5% 阻尼比水平设计加速度反应谱为:

$$S = \begin{cases} 0.45 S_{max} T & (T = 0\text{s}) \\ \eta_2 S_{max} & (0.1\text{s} < T \leq T_g) \\ \eta_2 S_{max} \left(\dfrac{T_g}{T} \right)^{\gamma} & (T_g < T \leq 5T_g) \\ [\eta_2 0.2^{\gamma} - \eta_1 (T - 5T_g)] S_{max} & (5T_g < T \leq 6\text{s}) \end{cases}$$

式中：γ——自特征周期至 5 倍特征周期区段曲线衰减指数，阻尼比为 0.05 时取 0.9；

η_1——自 5 倍特征周期至 6s 区段直线下降段下降斜率调整系数，阻尼比为 0.05 时取 0.02；

η_2——结构的阻尼调整系数，阻尼比为 0.05 时取 1.0；

T_g——特征周期(s)，根据场地类别和地震动参数区划的特征周期分区按《规范》表 5.2.1 采用，对于 E1 地震作用，$T_g = 0.35s$，对于 E2 地震作用，$T_g = 0.35s$。

S_{max} 的值可以根据下式确定：

$$S_{max} = 2.25A$$

对于 E1 地震作用，按《规范》中表 3-2.2 取地震调整系数 C_i 为 0.61，于是 $A = 0.20g \times 0.61 = 0.122g$；对于 E2 地震作用，地震调整系数取 2.0，$A = 0.20g \times 2.0 = 0.40g$。

E1 地震作用和 E2 地震作用下的水平加速度反应谱见图 3.2-5。

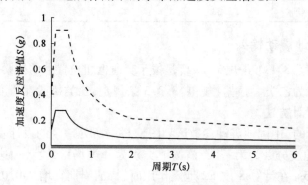

图 3.2-5　E1 和 E2 地震加速度反应谱

3.3　计算模型与动力特性

由于本桥在桥台上采用的是四氟滑板式橡胶支座，纵桥向假设梁体可以在支座上自由滑动；横桥向假设在各桥墩上设混凝土挡块，并且混凝土挡块足够强，在地震作用下不破坏。在桥台上不设置混凝土挡块，梁体在桥台处可以自由滑动，因此可以假设桥台不承受梁体惯性力。

根据《规范》6.1.2 条对规则桥梁的定义，要求 3 跨桥梁任意两桥墩间最大刚度比不大于 4，而本桥 2 号与 3 号桥墩刚度比即为墩高三次方比 $K_2 : K_3 = 12^3 : 5.5^3 > 4$，属于非规则桥，根据 6.2.1 条建立空间动力计算模型进行抗震分析。

3.3.1 计算模型

首先按《规范》6.2节的要求建立计算模型,如图3.3-1所示。模型中上部结构、支座连接条件、桥墩及基础刚度等模拟如下。

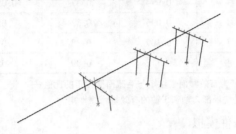

图3.3-1 空间有限元计算模型

(1)梁体、盖梁和桥墩模拟

主梁、盖梁和桥墩采用空间梁单元模拟。主梁混凝土强度等级C50,桥墩、盖梁混凝土强度等级C40,主梁、盖梁和桥墩的毛截面特性见表3.3-1。

主梁、盖梁和桥墩的毛截面特性表　　　表3.3-1

截面类型	面积（m²）	抗扭惯性矩（m⁴）	绕2轴抗弯惯性矩（m⁴）	绕3轴抗弯惯性矩（m⁴）
主梁	7.90	2.51	272.91	1.96
盖梁	2.55	0.90	0.61	0.48
桥墩	1.33	0.28	0.14	0.14

注:2轴、3轴对于主梁和盖梁截面分别代表竖轴、横轴,对于桥墩截面分别代表顺桥向轴、横桥向轴。

其中桥墩为延性构件,在进行E2地震作用分析时,应按《规范》6.1.8条要求,采用有效截面抗弯刚度,按《规范》6.1.8条计算出桥墩的有效截面刚度为:

$$E_c I_{eff} = \frac{M_y}{\phi_y}$$

式中:E_c——桥墩混凝土的弹性模量(kN/m^2);

I_{eff}——桥墩有效截面的抗弯惯性矩(m^4);

M_y——等效屈服弯矩($kN \cdot m$);

ϕ_y——等效屈服曲率(m^{-1})。

按《规范》附录A,各墩柱配筋率1.37%,根据轴压比大小,查得各个墩柱有效截面特性如表3.3-2所示。

各墩柱有效截面特性表　　　　　表 3.3-2

排架	墩柱	轴压比	刚度比	I_{2-2}（m^4）	I_{3-3}（m^4）
1号	边柱	0.103	0.38	0.053	0.053
	中柱	0.107	0.39	0.055	0.055
2号	边柱	0.094	0.37	0.052	0.052
	中柱	0.096	0.38	0.053	0.053
3号	边柱	0.109	0.38	0.053	0.053
	中柱	0.112	0.39	0.055	0.055

注：1. 表中的"刚度比"为有效截面惯性矩与毛截面惯性矩的比值；
　　2. I_{2-2}和I_{3-3}分别是绕局部2轴和3轴的有效抗弯惯性矩。

（2）支座连接条件模拟

在建立计算模型时，假设在桥墩上设置的横桥向混凝土挡块足够强，在地震作用下，梁体与桥墩在水平横向为刚性连接。支座连接条件模拟见表 3.3-3 和图 3.3-2，其中板式橡胶支座的水平刚度可采用线弹簧模拟，线弹簧的刚度取板式橡胶的剪切刚度，单个支座的剪切刚度为：

$$K_{支座} = \frac{G_d A_r}{\sum t} = \frac{1\,200 \times 0.325^2 \times \pi/4}{0.039} = 2.55 \times 10^3 (kN/m)$$

式中：G_d——板式橡胶支座的动剪切模量，取 1 200kN/m^2；
　　　A_r——橡胶支座的剪切面积；
　　　$\sum t$——单个板式橡胶支座橡胶层的总厚度。

图 3.3-2　支座布置图

支座连接条件表　　　　　表 3.3-3

墩台号	Δ_x	Δ_y	Δ_z	θ_x	θ_y	θ_z
0号	0	0	1	1	0	1
1号	S	1	1	1	0	1
2号	S	1	1	1	0	1
3号	S	1	1	1	0	1
4号	0	0	1	1	0	1

注：1. x,y,z分别表示顺桥向、横桥向和竖向；
　　2. 0表示自由，1表示固结，S表示考虑支座的弹性刚度。

(3) 桩基础刚度模拟

桩基础刚度可在承台底加六个方向的弹簧来模拟(图3.3-3)。弹簧刚度根据土层状况和桩的布置形式按 m 法计算，计算出的群桩基础的刚度参数见表3.3-4。

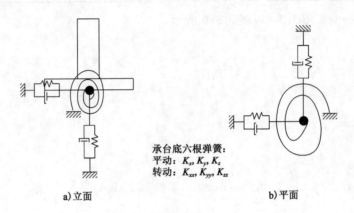

图 3.3-3　基础的六弹簧模拟图

基础刚度参数表　　　　　　　　　　　　　　　表 3.3-4

方向	平动刚度(kN/m)			转动刚度(kN·m/rad)		
	纵向	横向	竖向	绕纵向	绕横向	绕竖向
刚度	9.02×10^5	1.10×10^6	9.23×10^6	3.28×10^8	2.94×10^7	3.54×10^7

3.3.2　动力特性

基于所有构件均采用毛截面特性和墩柱采用有效截面特性所建立的空间动力模型，应用 Sap2000 有限元程序进行动力特性分析，得到所有构件采用毛截面和墩柱采用有效截面两种情况下桥梁结构振动周期与振型特征。

(1) 所有构件均采用毛截面

采用毛截面计算出的结构前几阶自振周期与振型特性见表3.3-5。

结构自振周期与振型特征　　　　　　　　　　表 3.3-5

振型阶数	周期(s)	振型特征
1	1.61	全桥一阶纵向振动
2	0.61	全桥一阶横向振动
3	0.33	全桥二阶横向振动

续上表

振型阶数	周期(s)	振型特征
4	0.28	主梁竖弯振动
5	0.25	2号、3号高墩一阶纵向振动

典型振型如图 3.3-4 ~ 图 3.3-6 所示。

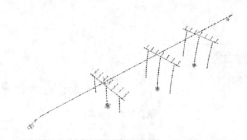

图 3.3-4　结构第 1 阶振型图(毛截面)

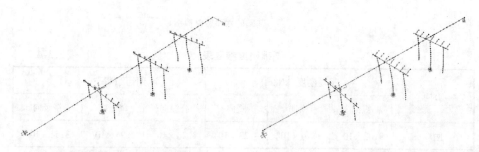

图 3.3-5　结构第 2 阶振型图(毛截面)　　　图 3.3-6　结构第 5 阶振型图(毛截面)

(2)墩柱采用有效截面

采用有效截面计算出的结构前几阶自振周期与振型特性见表 3.3-6。

结构自振周期与振型特征　　　表 3.3-6

振型阶数	周期(s)	振型特征
1	2.11	全桥一阶纵向振动
2	0.79	全桥一阶横向振动
3	0.37	全桥二阶横向振动
4	0.28	主梁竖弯振动
5	0.26	2号、3号高墩一阶纵向振动

典型振型如图 3.3-7 ~ 图 3.3-9 所示。

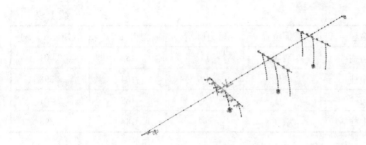

图 3.3-7 结构第 1 阶振型图(有效截面)

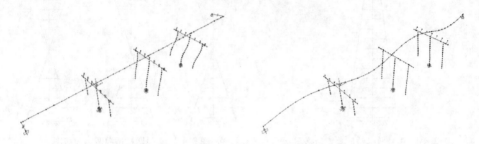

图 3.3-8 结构第 2 阶振型图(有效截面)　　图 3.3-9 结构第 4 阶振型图(有效截面)

3.4 E1 地震作用下地震反应分析与抗震验算

本例计算方法采用多振型反应谱法,按照《规范》要求振型阶数在计算方向给出的有效振型参与质量不低于该方向结构总质量的 90%。振型组合方法采用 CQC 法。

3.4.1 地震反应

基于建立的所有构件均采用毛截面空间动力计算模型,对桥梁结构在 E1 地震作用下进行反应谱分析,计算结构在顺桥向和横桥向 E1 地震作用效应,得到结构关键截面地震内力如下。

图 3.4-1 和图 3.4-2 给出了 1 号墩纵向和横向弯矩包络图。

(1)纵桥向

各桥墩关键截面轴力、剪力和弯矩反应见表 3.4-1。

桥墩纵桥向关键截面内力表　　表 3.4-1

排架号	墩柱	截面位置	轴力(kN)	剪力(kN)	弯矩(kN·m)
1 号	边柱	墩底	17	534	3 799
	中柱	墩底	21	526	3 785

续上表

排架号	墩柱	截面位置	轴力(kN)	剪力(kN)	弯矩(kN·m)
2号	边柱	墩底	17	185	2 401
	中柱	墩底	19	184	2 398
3号	边柱	墩底	8	185	2 401
	中柱	墩底	9	184	2 398

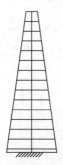

图 3.4-1　1号墩纵桥向弯矩包络图

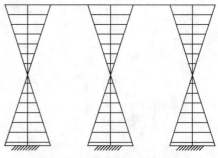

图 3.4-2　1号墩横桥向弯矩包络图

(2) 横桥向

各桥墩关键截面轴力、剪力和弯矩反应见表 3.4-2。

桥墩横桥向关键截面内力表　　表 3.4-2

排架	墩柱	截面位置	轴力(kN)	剪力(kN)	弯矩(kN·m)
1号	边柱	墩顶	1 278	1 197	3 403
		墩底	1 276	1 184	3 148
	中柱	墩顶	0	1 227	3 454
		墩底	0	1 214	3 261
2号	边柱	墩顶	598	363	2 178
		墩底	596	334	2 049
	中柱	墩顶	0	368	2 199
		墩底	0	339	2 091
3号	边柱	墩顶	778	490	2 940
		墩底	776	450	2 763
	中柱	墩顶	0	497	2 968
		墩底	0	457	2 820

3.4.2 抗震验算

根据《规范》7.2.1 条规定,采用 A 类抗震设计方法设计的桥梁,纵桥向和横桥向 E1 地震作用下应根据相关规范规定验算桥墩、桥台的强度。

在进行 E1 地震作用下抗震验算时,本桥的荷载组合主要是恒载与地震作用的组合。由于桥梁墩柱为偏心受压构件,其恒载与地震作用的最不利组合为:①轴力为恒载轴力减地震轴力;②弯矩为恒载弯矩与地震弯矩之和。

1)墩柱验算

(1)恒载内力以及最不利荷载组合

计算出的各墩的恒载内力以及恒载与地震内力最不利组合如表 3.4-3、表 3.4-4 所示。

纵桥向各排架墩关键截面最不利内力组合表　　表 3.4-3

排架号	墩柱	截面位置	轴 力			弯 矩		
			恒载轴力 (kN)	地震轴力 (kN)	最不利轴力 (kN)	恒载弯矩 (kN·m)	地震弯矩 (kN·m)	最不利弯矩 (kN·m)
1 号	边柱	墩底	3 667	17	3 650	18	3 799	3 817
	中柱	墩底	3 801	21	3 780	18	3 785	3 803
2 号	边柱	墩底	3 359	17	3 342	8	2 401	2 409
	中柱	墩底	3 432	19	3 413	8	2 398	2 406
3 号	边柱	墩底	3 893	8	3 885	25	2 401	2 426
	中柱	墩底	3 978	9	3 969	25	2 398	2 424

横桥向各排架墩关键截面最不利内力组合表　　表 3.4-4

排架号	墩柱	截面位置	轴 力			弯 矩		
			恒载轴力 (kN)	地震轴力 (kN)	最不利轴力 (kN)	恒载弯矩 (kN·m)	地震弯矩 (kN·m)	最不利弯矩 (kN·m)
1 号	边柱	墩顶	3 517	1 278	2 239	26	3 403	3 429
		墩底	3 667	1 276	2 390	20	3 148	3 168
	中柱	墩顶	3 652	0	3 652	0	3 454	3 454
		墩底	3 801	0	3 801	0	3 261	3 261
2 号	边柱	墩顶	2 994	598	2 396	14	2 178	2 192
		墩底	3 359	596	2 763	8	2 049	2 057
	中柱	墩顶	3 067	0	3 067	0	2 199	2 199
		墩底	3 432	0	3 432	0	2 091	2 091

续上表

排架号	墩柱	截面位置	轴　力			弯　矩		
			恒载轴力(kN)	地震轴力(kN)	最不利轴力(kN)	恒载弯矩(kN·m)	地震弯矩(kN·m)	最不利弯矩(kN·m)
3号	边柱	墩顶	3 528	778	2 750	16	2 940	2 955
		墩底	3 893	776	3 117	10	2 763	2 773
	中柱	墩顶	3 614	0	3 614	0	2 968	2 968
		墩底	3 978	0	3 978	0	2 820	2 820

(2)墩柱抗弯承载能力

按《公路钢筋混凝土及预应力混凝土桥涵设计规范》(JTG D62—2004)中偏心受压构件承载能力计算公式,计算出的各墩柱抗弯承载能力见表3.4-5、表3.4-6。

纵桥向各排架墩关键截面抗弯承载力验算表　　　表3.4-5

排架号	墩柱	截面位置	最不利轴力(kN)	最不利弯矩(kN·m)	抗弯承载力(kN·m)	验算结果	配筋率
1号	边柱	墩底	3 650	3 817	4 148	通过	1.37%
	中柱	墩底	3 780	3 803	4 284	通过	1.37%
2号	边柱	墩底	3 342	2 409	4 050	通过	1.37%
	中柱	墩底	3 413	2 406	4 154	通过	1.37%
3号	边柱	墩底	3 885	2 426	4 221	通过	1.37%
	中柱	墩底	3 970	2 424	4 330	通过	1.37%

(3)验算

由表3.4-5、表3.4-6可以看出,各墩柱关键截面抗弯承载力均满足规范要求。

横桥向各排架墩关键截面抗弯承载力验算表　　　表3.4-6

排架号	墩柱	截面位置	最不利轴力(kN)	最不利弯矩(kN·m)	抗弯承载力(kN·m)	验算结果	配筋率
1号	边柱	墩顶	2 239	3 429	3 663	通过	1.37%
		墩底	2 390	3 168	3 721	通过	1.37%
	中柱	墩顶	3 652	3 454	4 239	通过	1.37%
		墩底	3 801	3 261	4 285	通过	1.37%
2号	边柱	墩顶	2 396	2 192	3 758	通过	1.37%

续上表

排架号	墩柱	截面位置	最不利轴力（kN）	最不利弯矩（kN·m）	抗弯承载力（kN·m）	验算结果	配筋率
2号	边柱	墩底	2 763	2 057	3 884	通过	1.37%
	中柱	墩顶	3 067	2 199	4 032	通过	1.37%
		墩底	3 432	2 091	4 157	通过	1.37%
3号	边柱	墩顶	2 750	2 955	3 851	通过	1.37%
		墩底	3 117	2 773	3 976	通过	1.37%
	中柱	墩顶	3 614	2 968	4 219	通过	1.37%
		墩底	3 978	2 820	4 330	通过	1.37%

2）桥台抗震验算

本例桥梁所处地区抗震设防标准和地震动输入均与第2章规则桥相同，且桥台构造也与其相同，桥台部分抗震验算见规则桥相关内容。

3.5 E2地震作用下延性构件地震位移反应与抗震验算

本算例桥墩为延性构件，按《规范》，E2地震作用下需进行延性构件变形验算。

3.5.1 延性构件地震反应

（1）纵桥向地震反应

E2地震作用下，墩柱采用有效截面特性，利用反应谱方法计算出各桥墩纵桥向位移如表3.5-1所示。

E2地震作用下桥墩顶纵向位移　　表3.5-1

排架墩号	墩顶位移（m）	排架墩号	墩顶位移（m）
1号	0.084	3号	0.166
2号	0.166		

（2）横桥向地震反应

E2地震作用下，墩柱采用有效截面特性，利用反应谱方法计算出各桥墩横桥向位移如表3.5-2所示。

E2地震作用下桥墩顶横向位移　　表3.5-2

排架墩号	墩顶位移（m）	排架墩号	墩顶位移（m）
1号	0.037	3号	0.085
2号	0.068		

3.5.2 E2 地震作用下延性构件抗震验算

桥墩为延性构件,根据《规范》7.3 节规定,在 E2 阶段需要验算桥墩的位移能力。

(1)纵桥向

在进行桥墩位移验算时,按弹性方法计算出的地震位移应乘以考虑弹塑性效应的地震位移修正系数 R_d,有:

$$\frac{T^*}{T} = \frac{1.25 T_g}{T} = \frac{1.25 \times 0.4}{2.11} = 0.24 < 1.0,\text{取 } R_d = 1$$

式中:T_g——反应谱的特征周期;

T——结构的纵桥向自振周期。

从而,各墩墩顶实际位移需求如表 3.5-1 所示。

根据《规范》7.3.5 条和 7.3.6 条的规定来计算墩柱的位移能力。由《规范》附录 B 计算得到墩底截面等效屈服曲率和极限曲率,由计算公式:

$$\Delta_u = \frac{1}{3} H^2 \times \phi_y + \left(H - \frac{L_p}{2}\right) \times \theta_u$$

式中:L_p——等效塑性铰长度,$L_p = 0.08H + 0.022 f_y d_{bl} \geq 0.044 f_y d_{bl}$;

θ_u——塑性铰区的最大容许转角,$\theta_u = l_p(\phi_u - \phi_y)/K$;

ϕ_y——等效屈服曲率;

ϕ_u——极限屈服曲率。

计算得到各墩墩顶容许位移如表 3.5-3 所示,具体计算过程可参见第 2 章规则桥梁计算。

桥墩纵向墩顶容许位移　　　　　　　表3.5-3

墩号	ϕ_y(m^{-1})	ϕ_u(m^{-1})	L_p(m)	θ_u(rad)	Δ_u(m)
1号	2.85×10^{-3}	3.33×10^{-2}	0.676	1.03×10^{-2}	0.082
2号	2.85×10^{-3}	3.26×10^{-2}	1.200	1.78×10^{-2}	0.340
3号	2.85×10^{-3}	3.51×10^{-2}	1.200	1.93×10^{-2}	0.357

由表 3.5-1 和表 3.5-3 可以看出,E2 地震作用下各个排架墩的纵向位移能力满足要求。

(2)横桥向

在进行桥墩横向位移能力验算时,按弹性方法计算出的横向地震位移应乘以考虑弹塑性效应的地震位移修正系数 R_d，横桥向的修正系数 R_d 计算如下。

$$\frac{T^*}{T} = \frac{1.25 T_g}{T} = \frac{1.25 \times 0.4}{0.61} = 0.82 < 1.0, 取 R_d = 1$$

式中：T_g——反应谱的特征周期；

T——结构的横桥向自振周期。

从而，各墩墩顶实际位移需求如表 3.5-2 所示。

对于双柱墩和多柱墩桥梁，横桥向地震作用下会在墩柱中产生较大的动轴力，而墩柱轴力的变化会引起钢筋混凝土墩柱抗弯承载力的改变。因此，根据《规范》7.3.7 条的规定计算排架墩的横桥向容许位移。在盖梁处施加水平力 F（图 3.5-1），采用非线性静力分析，当墩柱的任一塑性铰达到其最大容

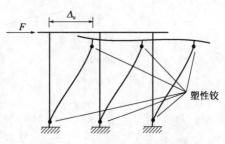

图 3.5-1 三柱排架墩的容许位移

许转角或塑性铰区域截面极限曲率时，盖梁处的横向水平位移即为容许位移。

注：最大容许曲率为极限破坏状态的曲率能力除以安全系数，安全系数取 2。

表 3.5-3 给出了各排架墩横桥向容许位移，下面以 2 号排架墩为例，对其横向容许位移的计算过程做以下说明：

(1) 首先建立图 3.5-1 所示的非线性静力计算模型。非线性静力计算模型中，盖梁采用弹性梁单元模拟，立柱采用带塑性铰的弹塑性梁单元模拟。

(2) 由于在进行横向框架的非线性静力分析（Pushover 分析）过程中，墩柱的轴力是不断变化的，因此这里采用 P-M 塑性铰形式，以考虑轴力和弯矩的相互作用，本例中在 2 号排架墩墩顶和墩底截面设置 P-M 塑性铰，一共设置六个塑性铰。

(3) 根据《公路钢筋混凝土及预应力混凝土桥涵设计规范》（JTG D62—2004）的相关规定，按照截面实配钢筋，可以计算出 2 号排架墩墩柱截面的轴力-弯矩（P-M）相关曲线，如图 3.5-2 所示。

(4) 根据《规范》附录 B 的相关公式，可以得到圆形墩柱截面在不同轴力下的屈服曲率和极限曲率，根据《规范》中式（7.3.6）可以得到各个轴力下塑性铰区域的最大容许转角 θ_u，图 3.5-3 给出了 P1 排架墩墩柱截面的轴力 P 与最大容许转角 θ_u 的关系曲线。

(5) 首先进行 2 号排架墩重力荷载工况分析（考虑主梁等上部结构传递给

横向框架的重力荷载),得到各个墩柱初始的恒载内力状态。

(6)在恒载分析结果的基础上,在盖梁处施加横向水平力,进行非线性静力分析(Pushover 分析)。当任一塑性铰率先达到其最大容许转角 θ_u 时,此时盖梁处的位移即整个框架的横向容许位移,对于 2 号排架墩来说,计算得到的横向容许位移为 0.148m。

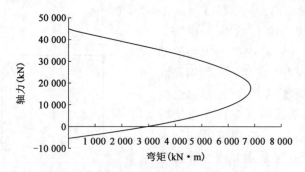

图 3.5-2　2 号排架墩截面的轴力-弯矩相关曲线

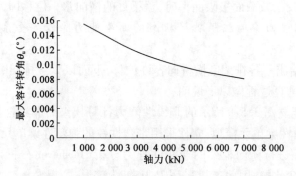

图 3.5-3　2 号排架墩截面的轴力-最大容许转角关系曲线

根据表 3.5-1 和表 3.5-4 可以得出,在 E2 地震作用下所有排架墩横桥向的位移能力满足要求。

各排架墩横桥向容许位移表　　表 3.5-4

墩　号	容许位移(cm)	墩　号	容许位移(cm)
1 号	6.0	3 号	13.9
2 号	14.8		

3.5.3　桥台抗震验算

E2 地震作用下桥台抗震验算见第 2 章规则桥相关验算内容。

3.6 能力保护构件计算与验算

根据《规范》,本算例的桥梁支座、盖梁、墩柱和桩基础均为能力保护构件,需要按能力保护设计方法进行设计。

3.6.1 墩柱超强弯矩计算

能力保护构件计算和验算的前提是要计算各塑性铰区域超强弯矩。以1号排架为例介绍超强弯矩的计算过程,其他排架的计算结果见表3.6-2和表3.6-3,计算超强弯矩时材料强度采用标准值。

(1)纵桥向

根据《公路钢筋混凝土及预应力混凝土桥涵设计规范》(JTG D62—2004)计算1号排架墩各个墩柱墩底截面恒载作用下的抗弯承载力,考虑超强系数1.2,可以得到纵桥向墩柱塑性铰区域截面的超强弯矩,采用如下计算公式。

$$M_{y0} = \phi^0 M_u$$

式中:M_{y0}——纵桥向超强弯矩;

M_u——按截面实配钢筋,采用材料强度标准值,在恒载轴力作用下计算出的纵桥向抗弯承载力;

ϕ^0——桥墩正截面抗弯承载力超强弯矩系数,取值为1.2。

计算出纵桥向各立柱塑性铰区域截面超强弯矩见表3.6-1所示。

纵桥向各排架墩墩底塑性铰截面超强弯矩表　　　　表3.6-1

排架	墩柱	抗弯承载力 (kN·m)	超强弯矩 (kN·m)
1号	边柱	4 347	5 216
	中柱	4 505	5 406
2号	边柱	4 244	5 093
	中柱	4 353	5 224
3号	边柱	4 429	5 315
	中柱	4 554	5 465

(2)横桥向

1号排架墩横桥向超强弯矩可按照《规范》6.6.4条的步骤进行迭代计算,迭代过程如下所示。

①建立P1排架墩计算模型,如图3.6-1所示,模型中盖梁采用弹性梁柱单元模拟,立柱采用带塑性铰的弹塑性梁柱单元模拟。

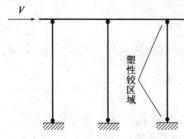

图 3.6-1 超强弯矩计算模式

②假设墩柱轴力为恒载轴力。

③按截面实配钢筋,采用材料强度标准值,按式 $M_{y0} = \phi^0 M_u$ 计算出各墩柱塑性铰区域截面超强弯矩如表 3.6-2 的首次计算。

④计算各墩柱相应于其超强弯矩的剪力值,并按下式计算各墩柱剪力值之和 $V(kN)$:

$$V = \sum_i^N V_i = 1\,884 + 1\,954 + 1\,884 = 5\,722(kN)$$

⑤将 V 按正、负方向分别施加于盖梁质心处,计算各墩柱所产生的轴力,并计算出相应于轴力的超强弯矩,如表 3.6-2 的第二次计算。

1 号排架墩横桥向超强弯矩计算过程表　　表 3.6-2

	墩柱	截面位置	超强弯矩 (kN·m)	剪力 (kN)	轴力 (kN)
首次计算	受压边柱	墩顶	5 147	1 884	1 304
		墩底	5 216		
	中柱	墩顶	5 339	1 954	0
		墩底	5 406		
	受拉边柱	墩顶	5 147	1 884	1 304
		墩底	5 216		
第二次计算	受压边柱	墩顶	5 702	2 086	1 301
		墩底	5 771		
	中柱	墩顶	5 339	1 954	0
		墩底	5 406		
	受拉边柱	墩顶	4 544	1 666	1 301
		墩底	4 619		

由上表可以看出,第二次计算出的 1 号排架墩各柱的剪力和与首次计算时相差在 10% 以内,因此迭代终止,第二次计算后得到超强弯矩即为各截面横桥向的超强弯矩的最终值。横桥向各排架墩塑性铰截面超强弯矩及对应产生的轴力见表 3.6-3。

横桥向各排架墩塑性铰截面超强弯矩及对应产生的轴力表　　表 3.6-3

排架	墩柱	截面位置	轴力(kN)	超强弯矩(kN·m)
1 号	受压边柱	墩顶	4 716	5 702
		墩底	4 874	5 771

续上表

排架	墩柱	截面位置	轴力(kN)	超强弯矩(kN·m)
1号	中柱	墩顶	3 851	5 339
		墩底	4 009	5 406
	受拉边柱	墩顶	2 108	4 544
		墩底	2 266	4 619
2号	受压边柱	墩顶	4 068	5 431
		墩底	4 432	5 581
	中柱	墩顶	3 225	5 065
		墩底	3 590	5 224
	受拉边柱	墩顶	1 776	4 381
		墩底	2 140	4 558
3号	受压边柱	墩顶	4 635	5 670
		墩底	5 000	5 824
	中柱	墩顶	3 788	5 310
		墩底	4 153	5 465
	受拉边柱	墩顶	2 237	4 602
		墩底	2 602	4 772

3.6.2 支座

由于横桥向采用混凝土挡块,并假设混凝土挡块足够强,因此仅需进行纵桥向地震作用下板式橡胶支座的性能验算。支座应按照能力保护构件设计。根据《规范》7.4.5条的规定,板式橡胶支座需要进行支座厚度和抗滑稳定性的验算。以下以1号排架墩上的板式橡胶支座为例,其验算过程如下所示,表3.6-4给出了所有排架墩上支座的验算结果。

根据纵桥向1号排架墩各个墩柱的超强弯矩,计算该排架总的剪力设计值:

$$\Sigma V_{c0} = \Sigma \frac{M_{y0}}{H} = \frac{5\,216 + 5\,406 + 5\,216}{5.5} = 2\,880(\text{kN})$$

单个支座的水平剪力设计值为:

$$V_{c0} = \frac{\Sigma V_{c0}}{28} = \frac{2\,880}{28} = 102.9(\text{kN})$$

由水平剪力设计值计算出的支座纵桥向水平位移:

$$X_B = \frac{V_{c0}}{K_{支座}} = 4.1 \text{cm}$$

支座的厚度验算：

$$\sum t = 3.9 \text{cm} < \frac{X_B}{\tan\gamma} = X_B = 4.1 \text{cm}$$

单个支座在恒载作用下的竖向反力为：

$$R_b = 338 \text{kN}$$

支座的抗滑稳定性验算：

$$\mu_d R_b = 0.15 \times 338 = 50.7(\text{kN}) < V_{c0} = 102.9 \text{kN}$$

其中 μ_d 为橡胶支座与混凝土表面的动摩阻系数，取 0.15。

各排架墩上板式橡胶支座性能验算表 表3.6-4

排架	V_{c0}(kN)	R_b(kN)	X_B(cm)	$\sum t$(cm)	厚度验算	抗滑稳定性验算
1号	103	337.5	4.1	3.9	不通过	不通过
2号	46	280	1.8	3.9	通过	不通过
3号	48	336.5	1.9	3.9	通过	通过

板式支座厚度和抗滑稳定性验算结果见表3.6-4，对于不满足抗震要求的位置，需要采用一定的限位措施以保证支座在地震作用下的工作性能。

3.6.3 基础

根据《规范》7.4.3 条规定，对于低桩承台基础，弯矩、剪力和轴力的设计值应根据墩柱可能出现塑性铰处截面超强弯矩及其对应剪力、墩柱恒载轴力，并考虑承台的贡献来计算。下面以1号排架墩为例，介绍其最不利单桩内力的计算和验算过程，其余各排架墩的结果如表3.6-5和表3.6-6所示。

如图 3.6-2 所示，在进行桩基础内力计算时，作用于承台底的内力包含：①根据能力保护原则计算出作用于承台顶的内力；②承台自身水平地震惯性力；③恒载自身的作用力。

根据《规范》6.6.9 条规定，根据能力保护原则计算出作用于承台顶的内力，其计算公式如下所示。

$$M = \sum M_{y0}$$
$$V = \frac{\sum M_{y0}}{H}$$

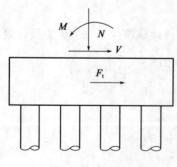

图 3.6-2 作用于承台的内力示意图

其中:M——作用于承台顶的弯矩,即墩底塑性铰区域的超强弯矩之和;

$\sum M_{y0}$——所有塑性铰区域的超强弯矩之和。对于纵桥向,即所有墩底截面塑性铰区域的超强弯矩之和;对于横桥向为所有墩底墩顶截面塑性铰区域的超强弯矩之和;

H——墩柱的计算高度。对于纵桥向,应取墩底至支座顶的距离;横桥向取墩柱的净高度;

V——作用于承台顶的剪力。

(1)纵桥向单桩最不利内力计算

由表3.6-1,根据能力保护原则计算出作用于1号排架墩承台顶的内力。

$$M = \sum M_{y0} = 5\,216 \times 2 + 5\,406 = 15\,838(\text{kN} \cdot \text{m})$$

$$V = \frac{\sum M_{y0}}{H} = \frac{15\,838}{5.5 + 1.5 + 0.25} = 2\,185(\text{kN})$$

承台自身的水平地震惯性力为:

$$F_t = m_t A = 239.2 \times 0.2 \times 9.8 \times 2 = 938(\text{kN})$$

作用于承台底的恒载作用力为:

$$N = 13\,528\text{kN}$$

因此,承台底的组合轴力、剪力和弯矩分别为:

$$N = 13\,528\text{kN}$$

$$V = 2\,185 + 938 = 3\,123(\text{kN})$$

$$M = 938 \times 1 + 15\,838 + 2\,185 \times \left(2 + \frac{0.617}{2}\right) = 21\,820(\text{kN} \cdot \text{m})$$

按照《公路桥涵地基与基础设计规范》(JTG D63—2007)可以计算得到1号排架墩纵桥向单桩最不利内力值。

$$N_{\max} = 5\,030\text{kN}$$

$$N_{\min} = -532\text{kN}$$

$$V = 520\text{kN}$$

$$M = 677\text{kN} \cdot \text{m}$$

(2)横桥向单桩最不利内力计算

由表3.6-3,根据能力保护原则计算出作用于1号排架墩承台顶的内力。

$M = \sum M_{y0} = 5\,146.8 + 5\,216.4 + 5\,338.8 + 5\,406 + 5\,146.8 + 5\,216.4$
$= 31\,471.2(\text{kN} \cdot \text{m})$

$$V = \frac{\sum M_{y0}}{H} = 31\,471.2/5.5 = 5\,722(\text{kN})$$

承台自身的水平地震惯性力：
$$F_t = m_t A = 239.2 \times 0.2 \times 9.8 \times 2 = 938(\text{kN})$$
作用于承台底的恒载作用力：
$$N = 13\,528\,\text{kN}$$
因此，承台底的组合轴力、剪力和弯矩分别为：
$$N = 13\,528\,\text{kN}$$
$$V = 5\,722 + 938 = 6\,660(\text{kN})$$
$$M = 938 \times 1 + (5\,216.4 + 5\,406 + 5\,216.4) + 5\,722 \times \left(2 + \frac{0.397}{2}\right)$$
$$= 29\,356(\text{kN} \cdot \text{m})$$

按照《公路桥涵地基与基础设计规范》(JTG D63—2007)可以计算得到1号排架墩横向单桩最不利内力值。
$$N_{\max} = 3\,785\,\text{kN}$$
$$N_{\min} = 713\,\text{kN}$$
$$V = 1\,110\,\text{kN}$$
$$M = 2\,480\,\text{kN} \cdot \text{m}$$

(3)最不利单桩抗弯承载力验算

根据《公路钢筋混凝土及预应力混凝土桥涵设计规范》(JTG D62—2004)的相关规定，考虑最不利组合，即在单桩轴力最小时，根据实际的桩基础截面配筋，计算桩身的抗弯承载力，从而验算最不利单桩抗弯强度，验算结果见表3.6-5。

各排架墩单桩最不利截面抗弯能力验算表　　表3.6-5

地震动输入	排架号	最小轴力 (kN)	剪力需求 (kN)	弯矩需求 (kN·m)	抗弯承载力 (kN·m)	验算结果
纵桥向	1号	−532	520	677	2 476	通过
	2号	−197	343	508	2 599	通过
	3号	−20	351	525	2 664	通过
横桥向	1号	713	1 110	2 480	2 914	通过
	2号	1 046	577	1 278	3 024	通过
	3号	1 269	597	1 320	3 095	通过

(4)最不利单桩竖向承载力验算

根据最大单桩轴力来验算单桩竖向承载力，单桩竖向承载力可以根据《公路桥涵地基与基础设计规范》(JTG D63—2007)的相关规定计算，这里作为已知条件直接给出，而且《规范》4.4.1条规定，E2地震作用下，在非液化土中，单桩的抗压承载力可以提高至原来的 2 倍,验算结果如表 3.6-6 所示。

各排架墩单桩最不利截面竖向承载能力验算表　　　表 3.6-6

地震动输入	排架号	最大轴力(kN)	单桩竖向承载力(kN)	验算结果
纵桥向	1 号	5 030	10 000	通过
	2 号	4 366	10 000	通过
	3 号	4 719	10 000	通过
横桥向	1 号	3 785	10 000	通过
	2 号	3 123	10 000	通过
	3 号	3 430	10 000	通过

注:表中的单桩竖向承载力为考虑提高系数后的值。

3.6.4　桥墩抗剪

根据《规范》7.4.2 条的规定,需要对墩柱塑性铰区域的斜截面抗剪强度进行检算,保证墩柱作为能力保护构件不发生剪切破坏。下面以 1 号排架墩为例,对其斜截面抗剪能力进行验算,过程如下所示,各排架墩的斜截面抗剪能力验算结果见表 3.6-7 和表 3.6-8。

各排架墩柱纵桥向斜截面抗剪强度验算表　　　表 3.6-7

排架号	墩柱	剪力设计值(kN)	抗剪强度(kN)	验算结果
1 号	边柱	720	2 516	通过
	中柱	746	2 516	通过
2 号	边柱	702	2 511	通过
	中柱	380	2 516	通过
3 号	边柱	733	2 516	通过
	中柱	397	2 516	通过

各排架墩柱横桥向斜截面抗剪强度验算表　　　表 3.6-8

排架号	墩柱	剪力设计值(kN)	抗剪强度(kN)	验算结果
1 号	受压柱	2 503	2 516	通过
	中柱	2 344	2 516	通过
	受拉柱	1 999	2 437	通过
2 号	受压柱	2 403	2 516	通过
	中柱	2 245	2 508	通过
	受拉柱	1 950	2 416	通过

续上表

排架号	墩柱	剪力设计值(kN)	抗剪强度(kN)	验算结果
3号	受压柱	2 508	2 516	通过
	中柱	2 351	2 516	通过
	受拉柱	2 045	2 445	通过

(1)纵桥向

根据表3.6-1,得到1号排架墩中柱墩底塑性铰区域截面的超强弯矩和剪力设计值。

$$M_{y0} = 5\,406 \text{kN} \cdot \text{m}$$

$$V = \frac{M_{y0}}{H} = \frac{5\,406}{5.5 + 1.5 + 0.25} = 746(\text{kN})$$

排架墩墩柱纵桥向位移延性系数计算如下。

$$\mu_\Delta = \frac{\Delta_d}{\Delta_y} = \frac{8.5}{725^2 \times 2.57 \times 10^{-5}/3} = 1.88$$

其中:Δ_y——墩柱塑性铰屈服时的纵桥向墩顶位移;

Δ_d——墩柱纵桥向地震位移需求,由表3.5-1可得。

根据《规范》7.4.2条,墩柱塑性铰区域沿纵桥向斜截面抗剪能力应按照下列公式计算。

$$\rho_s = \frac{4A_{sp}}{sD} \times \frac{\pi \times 1.8^2}{10 \times 120} = 0.008\,5$$

$$\mu_\Delta = 1.88$$

$$\lambda = \frac{\rho_s f_{yh}}{10} + 0.38 - 0.1\mu_\Delta$$

$$= \frac{0.008\,5 \times 280}{10} + 0.38 - 0.1 \times 1.88 = 0.43 > 0.3,\ \lambda = 0.3$$

$$v_c = \lambda\left(1 + \frac{P}{1.38 \times A_g}\right)\sqrt{f_{cd}} = 0.3 \times \left(1 + \frac{4\,009}{1.38 \times 13\,273}\right) \times \sqrt{18.4}$$

$$= 1.57(\text{MPa}), \min\{0.355\sqrt{f_{cd}},\ 1.47\lambda\sqrt{f_{cd}}\} = 1.52\text{MPa},取 v_c = 1.52\text{MPa}$$

$$V_u = \phi\left(0.1 v_c A_e + 0.1 \times \frac{\pi}{2} \frac{A_{sp} f_{yh} D'}{s}\right)$$

$$= 0.85 \times \left(0.1 \times 1.52 \times 0.8 \times 13\,273 + 0.1 \times \frac{\pi}{2} \times \frac{2.54 \times 280 \times 120}{10}\right)$$

$$= 2\,516(\text{kN}) > 746\text{kN}$$

其中:V_u——墩柱塑性铰区域斜截面抗剪承载力;

ρ_s——墩柱塑性铰区域的配箍率;

A_{sp}——螺旋箍筋面积,本例取 1.8cm²;

s——箍筋的间距,这里取 10cm;

D'——螺旋箍筋环的直径,这里取 120cm;

μ_Δ——墩柱位移延性系数,为墩柱地震位移需求与墩柱塑性铰屈服时的位移之比;

f_{yh}——箍筋抗拉强度设计值,这里取为 280MPa;

v_c——塑性铰区域混凝土抗剪强度;

f_{cd}——混凝土抗压强度设计值,对于 C40 混凝土取 18.4MPa;

P——墩柱截面的最小轴压力;

A_g——墩柱塑性铰区域截面全面积;

A_e——核芯混凝土面积,可取 $0.8A_g$;

ϕ——抗剪强度折减系数,一般取为 0.85。

由此可见,1 号排架墩中柱的纵桥向抗剪强度满足要求。

(2)横桥向

根据表 3.6-3,得到 1 号排架墩受压侧墩柱塑性铰区剪力设计值:

$$V_{c0} = \frac{\sum M}{H} = \frac{6\,842.4 + 6\,925.2}{5.5} = 2\,503(\text{kN})$$

受拉侧墩柱塑性铰区剪力设计值:

$$V_{t0} = \frac{\sum M}{H} = \frac{5\,452.8 + 5\,542.8}{5.5} = 1\,999(\text{kN})$$

排架墩墩柱横桥向位移延性系数计算如下:

$$\mu_\Delta = \frac{\Delta_d}{\Delta_y} = \frac{3.7}{(550/2)^2 \times 2 \times 2.57 \times 10^{-5}/3} = 1.74$$

式中:Δ_y——墩柱塑性铰屈服时的墩顶横向位移;

Δ_d——墩柱横桥向地震位移需求,由表 3.5-2 可以得到。

受压侧斜截面抗剪强度验算(计算中参数符号说明参照纵桥向计算过程):

$$\rho_s = \frac{4A_{sp}}{sD} = \frac{\pi \times 1.8^2}{10 \times 120} = 0.008\,5$$

$$\mu_\Delta = 1.74$$

$$\lambda = \frac{\rho_s f_{yh}}{10} + 0.38 - 0.1\mu_\Delta = \frac{0.008\,5 \times 280}{10} + 0.38 - 0.1 \times 1.74$$

$$= 0.44 > 0.3, \lambda = 0.3$$

$$v_c = \lambda\left(1 + \frac{P}{1.38 \times A_g}\right)\sqrt{f_{cd}} = 0.3 \times \left(1 + \frac{4716}{1.38 \times 13\,273}\right) \times \sqrt{18.4}$$

$$= 1.618(\text{MPa}), \min\{0.355\sqrt{f_{cd}}, 1.47\lambda\sqrt{f_{cd}}\} = 1.52\text{MPa}, 取\ v_c = 1.52\text{MPa}$$

$$V_u = \phi\left(0.1v_c A_e + 0.1 \times \frac{\pi}{2}\frac{A_{sp}f_{yh}D'}{s}\right)$$

$$= 0.85 \times \left(0.1 \times 1.52 \times 0.8 \times 13\,273 + 0.1 \times \frac{\pi}{2} \times \frac{2.545 \times 280 \times 120}{10}\right)$$

$$= 2\,516(\text{kN}) > 2\,503\text{kN}$$

受拉侧斜截面抗剪强度验算：

$$\rho_s = \frac{4A_{sp}}{sD} = \frac{\pi \times 1.8^2}{10 \times 120} = 0.008\,5$$

$$\mu_\Delta = 1.74$$

$$\lambda = \frac{\rho_s f_{yh}}{10} + 0.38 - 0.1\mu_\Delta = \frac{0.008\,5 \times 280}{10} + 0.38 - 0.1 \times 1.74$$

$$= 0.44 > 0.3, \lambda = 0.3$$

$$v_c = \lambda\left(1 + \frac{P}{1.38 \times A_g}\right)\sqrt{f_{cd}} = 0.3 \times \left(1 + \frac{2\,108}{1.38 \times 13\,273}\right) \times \sqrt{18.4}$$

$$= 1.43(\text{MPa}), \min\{0.355\sqrt{f_{cd}}, 1.47\lambda\sqrt{f_{cd}}\} = 1.52\text{MPa}, 取\ v_c = 1.43\text{MPa}$$

$$V_u = \phi\left(0.1v_c A_e + 0.1 \times \frac{\pi}{2}\frac{A_{sp}f_{yh}D'}{s}\right)$$

$$= 0.85 \times \left(0.1 \times 1.43 \times 0.8 \times 13\,273 + 0.1 \times \frac{\pi}{2} \times \frac{2.545 \times 280 \times 120}{10}\right)$$

$$= 2\,437(\text{kN}) > 1\,999\text{kN}$$

由此可见，1号排架墩受压侧和受拉侧柱的横桥向抗剪强度满足要求。

由表3.6-7、表3.6-8可知，桥墩抗剪强度均满足要求。

3.6.5 盖梁

盖梁作为能力保护构件，需要根据《规范》7.4.4条的规定，按现行行业标准《公路钢筋混凝土及预应力混凝土桥涵设计规范》(JTG D62—2004)验算其正截面抗弯强度和斜截面抗剪强度。盖梁的弯矩设计值、剪力设计值需要和永久作用组合，根据《规范》6.6节计算。盖梁的计算和验算步骤如下所示，图3.6-3给出了盖梁各个关键截面的编号，横桥向各排架墩的盖梁关键截面验算结果见

表 3.6-9 和表 3.6-10。

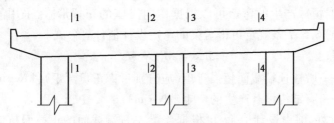

图 3.6-3 盖梁验算截面位置示意图

各排架墩盖梁关键截面正截面抗弯承载力验算表 表 3.6-9

排架号	盖梁截面	恒载弯矩 （kN·m）	柱顶超强弯矩 （kN·m）	弯矩设计值 （kN·m）	抗弯承载力 （kN·m）	验算结果
1 号	1-1	1 241	6 842	8 083	10 940	通过
	2-2	1 338	6 407	5 069	10 940	通过
	3-3	1 338	6 407	7 745	10 940	通过
	4-4	1 241	5 453	4 212	10 940	通过
2 号	1-1	1 060	6 517	7 577	10 940	通过
	2-2	1 118	6 078	4 960	10 940	通过
	3-3	1 118	6 078	7 196	10 940	通过
	4-4	1 060	5 257	4 197	10 940	通过
3 号	1-1	1 256	6 804	8 060	10 940	通过
	2-2	1 319	6 372	5 053	10 940	通过
	3-3	1 319	6 372	7 691	10 940	通过
	4-4	1 256	5 522	4 266	10 940	通过

各排架墩盖梁截面斜截面抗剪强度验算表 表 3.6-10

排架号	盖梁截面	超强弯矩 （kN·m）	剪力设计值 （kN）	抗剪强度 （kN）	验算结果
1 号	边柱处	13 128	4 450	5 817	通过
	中柱处	13 128			
2 号	边柱处	13 128	4 450	5 817	通过
	中柱处	13 128			
3 号	边柱处	13 128	4 450	5 817	通过
	中柱处	13 128			

(1)延性桥墩盖梁弯矩设计值为墩柱顶端截面超强弯矩和恒载作用产生的弯矩的叠加,恒载产生的弯矩可以根据横向支座的布置形式,采用静力模型计算,由《规范》6.6.7条规定可得盖梁的弯矩设计值计算公式。

$$M_{p0} = M_{hc}^s + M_G$$

式中:M_{hc}^s——墩柱顶端截面超强弯矩(应分别考虑正负弯矩)(kN·m);

M_G——有结构恒载产生的弯矩(kN·m)。

(2)盖梁的剪力设计值V_{c0}可根据盖梁左右端截面的正截面抗弯承载力计算得到,依据《规范》6.6.8条规定可得其计算公式。

$$V_{c0} = \frac{M_{pc}^R + M_{pc}^L}{L_0}$$

式中:M_{pc}^L、M_{pc}^R——盖梁左右端截面按实配钢筋,采用材料强度标准值计算出的正截面抗弯承载力(kN·m);

L_0——盖梁的净跨度(m)。

(3)根据《公路钢筋混凝土及预应力混凝土桥涵设计规范》(JTG D62—2004)验算盖梁正截面抗弯强度和斜截面抗剪强度是否满足要求。

第4章 曲线桥梁抗震设计算例

4.1 概述

在城市交通路网中,高架桥由于能够充分利用空间、提高交通能力,且在路线、地形等方面基本不受限制,能够较好地适应周围环境,从而得到了广泛的应用。本章将对某非规则曲线桥进行地震反应分析,以期认识曲线桥的动力特性和在地震作用下的受力特点,并对该类桥梁的抗震设计提供参考。

4.2 工程概况与地震动输入

4.2.1 工程概况

天津地区某高架桥,跨径布置为(第一联:25m + 30m + 30m) + (第二联:30m + 35m + 34m) + (第三联:25m + 25m + 23.88m),桥宽9.0m,曲率半径140m,桥梁平面布置见图4.2-1。

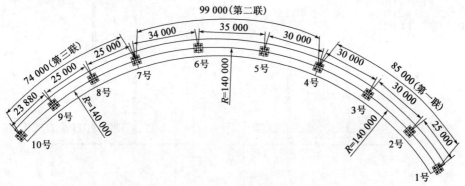

图4.2-1 全桥平面布置图(尺寸单位:mm)

上部结构采用预应力混凝土箱梁,下部结构采用变截面单柱墩,标准横断面见图4.2-2,桥墩构造见图4.2-3,基础布置见图4.2-4。

桥梁3号、6号、9号墩为固定墩,设置双向固定盆式支座,型号为GPZ12.5GD;其他墩为活动墩,设置单向盆式支座,型号为GPZ12.5SX,沿切向活动,沿法向固定。支座和垫石总高0.25m;桥墩为变宽矩形截面,墩高均为8.54m,配筋率为 0.80%；桩基采用直径为 1.2m 的钻孔灌注桩，配筋率为 2.18%，桩长 55m；桥墩与桩基配筋见图 4.2-5。上部结构、桥墩和基础分别采用 C50、C40、C35 混凝土，二期恒载换算成线质量为 6.133t/m。根据《公路钢筋混凝土及预应力混凝土桥涵设计规范》（JTG D62—2004），可以得到所用的钢筋和混凝土的材料特性，见表 4.2-1。

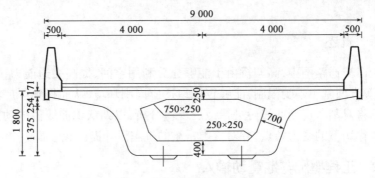

图 4.2-2 标准横断面图（尺寸单位：mm）

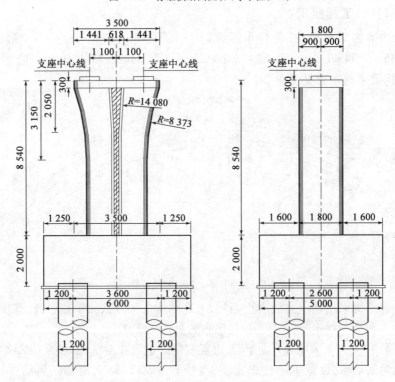

图 4.2-3 桥墩立面与侧面图（尺寸单位：mm）

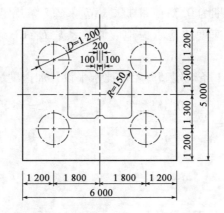

图 4.2-4　基础布置图(尺寸单位:mm)

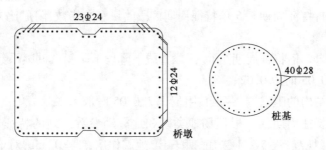

图 4.2-5　桥墩与基础配筋图(尺寸单位:mm)

混凝土和钢筋材料特性表　　　　　　　表 4.2-1

材料	强度标准值(MPa)	强度设计值(MPa)	弹性模量(MPa)
C35 混凝土	23.4	16.1	3.15×10^4
C40 混凝土	26.8	18.4	3.25×10^4
C50 混凝土	32.4	22.4	3.45×10^4
HRB335 普通钢筋	335	280	2.00×10^5

4.2.2　地震动输入

根据《规范》3.1.1 条规定,本桥是位于交通枢纽位置上的桥梁,按城市桥梁抗震设防分类为乙类,结合设防烈度,选用 A 类抗震设计方法,进行 E1 和 E2 地震作用下的抗震分析和抗震验算,并满足桥梁抗震体系以及相关构造和抗震措施的要求。

根据现行的《中国地震动参数区划图》,该地区的抗震设防烈度为 7 度,设计基本加速度峰值为 $0.15g$,地震分区为第二区,该场地类别为Ⅲ类场地,设计加速度反应谱特征周期为 0.55s。根据《规范》3.2.2 条规定,乙类桥梁 E1 和 E2 的水平向地震峰值加速度 A 应考虑地震调整系数 C_i:E1 地震作用为 0.61,E2 地震作用为 2.05。

根据《规范》5.2.1 条规定,5% 阻尼比水平设计加速度反应谱为:

$$S = \begin{cases} 0.45 S_{\max} T & (T = 0\text{s}) \\ \eta_2 S_{\max} & (0.1\text{s} < T \leq T_g) \\ \eta_2 S_{\max} \left(\dfrac{T_g}{T}\right)^\gamma & (T_g < T \leq 5T_g) \\ [\eta_2 0.2^\gamma - \eta_1 (T - 5T_g)] S_{\max} & (5T_g < T \leq 6\text{s}) \end{cases}$$

式中:γ——自特征周期至 5 倍特征周期区段曲线衰减指数,阻尼比为 0.05 时取 0.9;

η_1——自 5 倍特征周期至 6s 区段直线下降段下降斜率调整系数,阻尼比为 0.05 时取 0.02;

η_2——结构的阻尼调整系数,阻尼比为 0.05 时取 1.0;

T_g——特征周期(s),根据场地类别和地震动参数区划的特征周期分区按《规范》表 5-2.1 采用,对于 E1 地震作用,$T_g = 0.35$s,对于 E2 地震作用,$T_g = 0.35$s。

$S_{\max}$ 的值可以根据下式确定:

$$S_{\max} = 2.25A$$

对于 E1 地震作用,按《规范》中表 3.6-2.2 取地震调整系数 C_i 为 0.61,于是 $A = 0.15g \times 0.61 = 0.0915g$;对于 E2 地震作用,地震调整系数取 2.05,$A = 0.15g \times 2.05 = 0.3075g$。

E1 地震作用和 E2 地震作用下的水平加速度反应谱见图 4.2-6。

根据《规范》5.3 节规定,本例进行 E1 和 E2 地震时程分析时,设计地震动时程采用设计加速度反应谱为目标拟合设计加速度时程,拟合得到的 3 条时程曲线见图 4.2-7;根据 6.4 节规定,本例采用 3 组地震加速度时程进行地震反应计算,最终的时程分析结果取各组计算结果最大值。由 3 组时程曲线得到的反应谱与规范反应谱的对比见图 4.2-8,由图可知,两者是匹配的。

根据《规范》6.2.3 条,进行曲线桥地震反应分析时,应考虑地震最不利输入方向;本例考虑沿计算联首末桥墩连线方向和垂直连线方向进行地震动输入,即分别沿4号和7号墩连线(以下称L方向)和垂直于连线方向(以下称N方向,L方向和N方向见图4.2-9)进行地震输入。

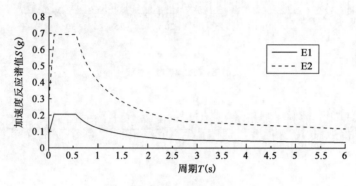

图4.2-6 E1、E2地震加速度反应谱

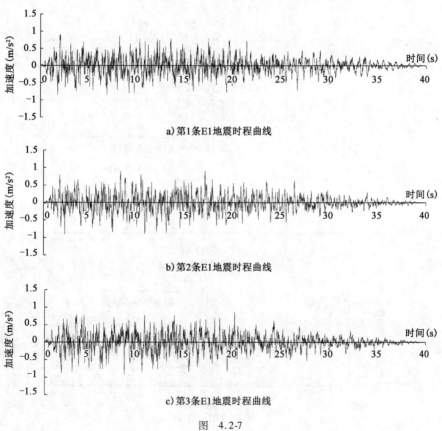

a) 第1条E1地震时程曲线

b) 第2条E1地震时程曲线

c) 第3条E1地震时程曲线

图 4.2-7

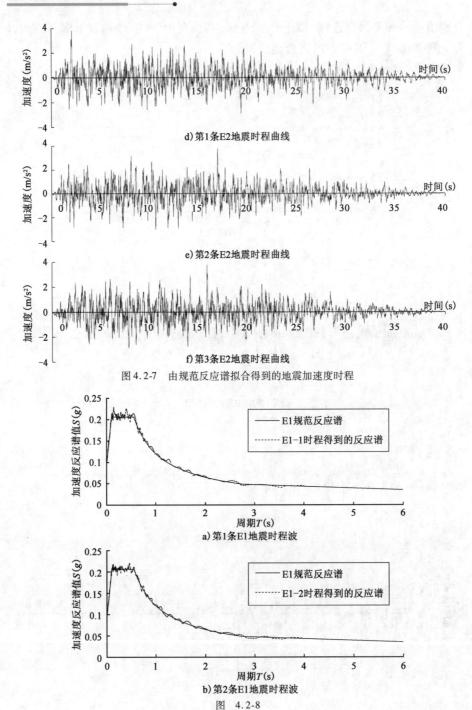

d) 第1条E2地震时程曲线

e) 第2条E2地震时程曲线

f) 第3条E2地震时程曲线

图 4.2-7 由规范反应谱拟合得到的地震加速度时程

a) 第1条E1地震时程波

b) 第2条E1地震时程波

图 4.2-8

第4章 曲线桥梁抗震设计算例

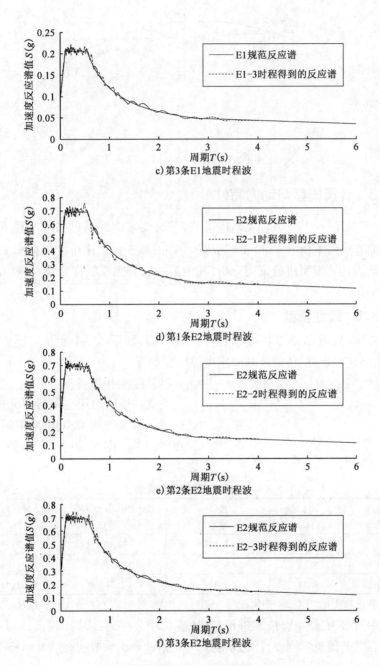

c) 第3条E1地震时程波

d) 第1条E2地震时程波

e) 第2条E2地震时程波

f) 第3条E2地震时程波

图4.2-8 时程曲线得到的反应谱与规范反应谱对比

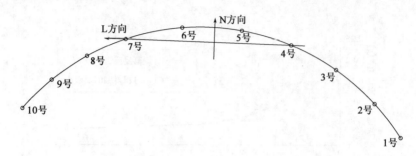

图 4.2-9 地震动输入方向示意图

4.3 计算模型与动力特性

根据《规范》6.1.2 条对规则桥梁的定义,要求曲线桥梁曲率半径 $R \geq 20B_0$(B_0 为桥跨),而本桥 $R = 140m < 20B_0 = 180m$,属于非规则桥。根据 6.2.1 条建立空间动力计算模型进行抗震分析,其中第一联与第三联作为验算联(第二联)的边界条件。

4.3.1 线性模型

首先按《规范》6.2 节的要求建立计算模型,如图 4.3-1 所示。模型中上部结构、支座连接条件、桥墩及基础刚度等模拟如下。

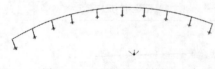

图 4.3-1 空间有限元计算模型

(1)主梁、桥墩模拟

主梁和桥墩采用空间梁单元模拟,主梁混凝土强度等级 C50,桥墩混凝土强度等级为 C40,主梁和桥墩截面特性见表 4.3-1。

主梁、桥墩截面特性表　　　　表 4.3-1

截面名称	面积(m^2)	扭转常数	绕 2 轴抗弯惯性矩(m^4)	绕 3 轴抗弯惯性矩(m^4)
主梁	6.18	5.57	26.86	2.38
桥墩上部	6.18	4.26	6.37	1.61
桥墩下部	4.34	2.48	2.31	1.41

注:2 轴、3 轴对于主梁截面分别代表竖轴、横轴,对于桥墩截面分别代表切线轴、法线轴。

其中桥墩为延性构件,在进行 E2 地震作用分析时,应按《规范》6.1.8 条要求采用有效截面抗弯刚度,按《规范》6.1.8 条计算出桥墩的有效截面刚度为:

$$E_c I_{\text{eff}} = \frac{M_y}{\phi_y}$$

式中：E_c——桥墩混凝土的弹性模量(kN/m^2)；

I_{eff}——桥墩有效截面的抗弯惯性矩(m^4)；

M_y——等效屈服弯矩($kN·m$)；

ϕ_y——等效屈服曲率(m^{-1})。

按《规范》附录A，各墩柱配筋率0.8%，根据轴压比大小，查得各个墩柱有效截面特性如表4.3-2所示。

各墩柱有效截面特性表　　　　　　表4.3-2

桥墩编号	轴压比	刚度比	I_{2-2}(m^4)	I_{3-3}(m^4)
4号	0.052	0.30	0.693	0.977
5号	0.075	0.31	0.716	1.010
6号	0.073	0.31	0.716	1.010
7号	0.063	0.31	0.716	1.010

注：1. 表中的"刚度比"为有效截面惯性矩与毛截面惯性矩的比值；
　　2. I_{2-2}和I_{3-3}分别是绕局部2轴和3轴的有效抗弯惯性矩。

(2) 支座连接条件模拟

支座连接条件模拟见表4.3-3，支座布置见图4.3-2。

支座连接条件表　　　　　　表4.3-3

支座位置	Δ_q	Δ_f	Δ_z	θ_q	θ_f	θ_z
1号	0	1	1	1	0	1
2号	0	1	1	1	0	1
3号	1	1	1	1	0	1
4号-1	0	1	1	1	0	1
4号-2	0	1	1	1	0	1
5号	0	1	1	1	0	1
6号	1	1	1	1	0	1
7号-2	0	1	1	1	0	1
7号-3	0	1	1	1	0	1
8号	0	1	1	1	0	1
9号	1	1	1	1	0	1
10号	0	1	1	1	0	1

注：表中q、f、z分别代表各支座切向轴、法向轴和竖轴，θ_q、θ_f、θ_z分别代表绕各轴的转角方向。

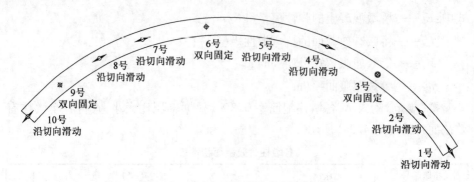

图 4.3-2　支座布置图（箭头代表活动方向）

(3) 桩基础刚度模拟

墩底承台假设为刚性,模拟为一个空间质量点;桩基础刚度以在承台底加六个方向的弹簧模拟(图 4.3-3)。弹簧刚度根据土层状况和桩的布置形式按 m 法计算,计算出的群桩基础的刚度参数见表 4.3-4。

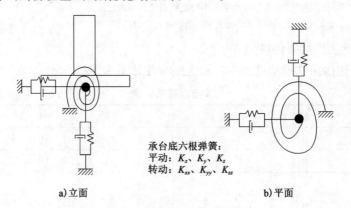

a) 立面　　　　　　　　　　　　b) 平面

图 4.3-3　基础的六弹簧模拟图

基础刚度参数表　　　　　　　　表 4.3-4

方向	平动刚度(kN/m)			转动刚度(kN·m/rad)		
	切向	法向	竖向	绕切向	绕法向	绕竖向
刚度	5.61×10^5	6.10×10^6	4.67×10^6	2.09×10^8	1.5×10^7	3.98×10^6

4.3.2　非线性模型

根据《规范》6.1.7 条规定,非规则曲线桥宜进行非线性时程分析,故需要建立非线性动力模型。非线性动力模型是在线性模型的基础上考虑桥墩塑性铰区非线性和沿切线方向活动支座与梁底的摩擦作用,在非线性模型中墩柱采用弹塑性集中塑性铰梁柱单元模拟,沿切线方向活动支座非线性用双线性弹簧单元模拟。

(1)弹塑性集中塑性铰梁柱单元

考虑桥墩非线性时,桥墩塑性区域采用弹塑性塑性铰单元模拟,由于曲线桥在地震作用下,桥墩受到双向弯曲作用,且两个方向的弯矩是耦合的,需要考虑塑性区域的空间相关性。本算例采用 Sap2000 程序的 M_2-M_3 塑性铰来模拟单元两端的塑性变形,M_2-M_3 塑性铰具有耦合的双轴弯矩行为,通过在二维 M_2-M_3 空间指定一根相关屈服曲线来代表塑性铰对弯矩 M_2 和 M_3 的不同组合最先发生屈服的位置。考虑双向弯曲耦合的方程为:

$$\left\{\frac{M_2}{M_{y2}}\right\}^{\alpha_n} + \left\{\frac{M_3}{M_{y3}}\right\}^{\alpha_n} = 1$$

式中:M_2、M_3——截面对 2 轴、3 轴的弯矩;

M_{y2}、M_{y3}——截面对 2 轴、3 轴的单轴屈服弯矩;

α_n——轴力水平系数,当轴力为零时可以取为 2,轴力水平较高时,可取 1～2 之间的数。

在分析过程中,一旦 M_2、M_3 的值首次达到相关屈服曲线,就认为该塑性铰达到屈服。本例墩柱塑性铰位置和双向弯曲耦合空间屈服曲线见图 4.3-4。

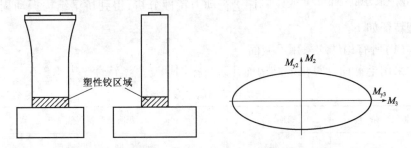

图 4.3-4 墩柱塑性铰区域和双向弯曲耦合空间屈服曲线

根据《规范》附录 B,恒载轴力作用下各桥墩塑性铰区对主轴的等效屈服弯矩、等效屈服曲率、极限曲率见表 4.3-5。

恒载作用下各桥墩塑性铰区截面弯矩-曲率特性　　表 4.3-5

桥墩编号	恒载轴力 (kN)	对主轴 2			对主轴 3		
		M_{y2} (kN·m)	φ_{y2} (m^{-1})	φ_{u2} (m^{-1})	M_{y3} (kN·m)	φ_{y3} (m^{-1})	φ_{u3} (m^{-1})
4 号	5 943	19 800	1.230×10^{-3}	4.297×10^{-2}	14 920	1.575×10^{-3}	5.96×10^{-2}
5 号	8 485	22 050	1.240×10^{-3}	4.009×10^{-2}	16 700	1.620×10^{-3}	6.05×10^{-2}

续上表

桥墩编号	恒载轴力 (kN)	对主轴2			对主轴3		
		M_{y2} (kN·m)	φ_{y2} (m^{-1})	φ_{u2} (m^{-1})	M_{y3} (kN·m)	φ_{y3} (m^{-1})	φ_{u3} (m^{-1})
6号	9 231	22 690	1.244×10^{-3}	3.862×10^{-2}	17 210	1.635×10^{-3}	6.09×10^{-2}
7号	5 930	19 780	1.228×10^{-3}	4.296×10^{-2}	14 910	1.576×10^{-3}	5.96×10^{-2}

注：表中主轴2、3分别代表切向轴、法向轴。

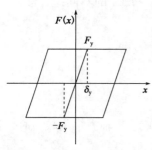

图4.3-5 滑动支座双线性模型
δ_y-临界滑动位移,取0.002m,屈服后刚度取为屈服前的1/10 000

(2)单向活动支座模拟

对于桥墩上采用的单向滑动支座,考虑梁底与支座顶的摩擦,用双线性单元模拟,如图4.3-5所示,模型中临界滑动力F_y为：

$$F_y = \mu N$$

式中：N——支座的恒载竖向反力；

　　　μ——摩擦系数,取为0.02。

4.3.3 动力特性

基于空间线性动力模型,应用Sap2000有限元程序进行动力特性分析,得到桥梁结构振动周期与振型特征如下。

(1)所有构件均采用毛截面

采用毛截面计算出的结构前几阶自振周期与振型特性见表4.3-6。

结构自振周期与振型特征　　表4.3-6

振型阶数	周期(s)	振型特征
1	1.44	第二联一阶切向振动
2	0.73	全桥一阶法向对称振动
3	0.68	全桥二阶法向反对称振动
4	0.60	全桥三阶法向对称振动
5	0.49	全桥四阶法向反对称振动

典型振型如图4.3-6、图4.3-7所示。

(2)墩柱采用有效截面

采用有效截面计算出的结构前几阶自振周期与振型特性见表4.3-7。

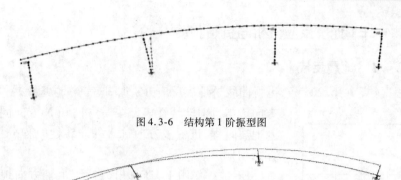

图 4.3-6　结构第 1 阶振型图

图 4.3-7　结构第 3 阶振型图

结构自振周期与振型特征　　　　　　　　　　表 4.3-7

振型阶数	周期(s)	振型特征
1	1.71	第二联一阶切向振动
2	0.86	全桥一阶法向对称振动
3	0.77	全桥二阶法向反对称振动
4	0.66	全桥三阶法向对称振动
5	0.52	全桥四阶法向反对称振动

典型振型如图 4.3-8、图 4.3-9 所示。

图 4.3-8　结构第 1 阶振型图

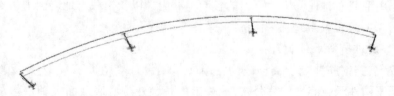

图 4.3-9　结构第 2 阶振型图

4.4 E1 地震反应分析与抗震验算

4.4.1 地震反应

根据《规范》6.2.3 条,进行曲线桥地震反应分析时,应考虑地震最不利输入方向。本例对非线性模型按 L 方向和 N 方向同时输入地震时程,进行多方向输入的非线性时程分析,计算结构地震响应。

E1 地震作用下,计算出各桥墩主轴方向地震反应如表 4.4-1 所示。表中主轴方向定义如图 4.4-1 所示,1 方向(进出平面方向)代表竖轴,2 方向代表桥墩处沿桥梁切线方向,3 方向代表桥墩处沿桥梁法线方向。

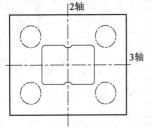

图 4.4-1 桥墩主轴方向示意图

E1 地震下各桥墩墩底截面对各主轴的地震反应 表 4.4-1

桥墩编号	轴力(kN)	扭矩 T_1(kN·m)	弯矩 M_2(kN·m)	弯矩 M_3(kN·m)
4 号	196.45	650.88	8 674.45	2 095.00
5 号	54.08	685.47	12 090.53	2 554.99
6 号	91.09	555.47	14 729.76	8 785.12
7 号	80.69	434.74	14 464.09	1 411.62

4.4.2 地震验算

根据《规范》7.2.1 条规定,采用 A 类抗震设计方法设计的桥梁,纵桥向和横桥向 E1 地震作用下应根据相关规范规定验算桥墩强度,材料强度取设计值。

在进行 E1 地震作用下抗震验算时,本桥的荷载组合主要是恒载与地震作用的组合。由于桥梁墩柱为偏心受压构件,其恒载与地震作用的最不利组合为:①轴力为恒载轴力减地震轴力;②弯矩为恒载弯矩与地震弯矩之和。

(1)最不利荷载组合

采用毛截面时程分析计算出的各墩恒载内力以及恒载与地震内力最不利组合见表 4.4-2、表 4.4-3。

(2)墩柱抗弯承载能力

按《公路钢筋混凝土及预应力混凝土桥涵设计规范》(JTG D62—2004)中偏心受压构件承载能力计算公式,计算出的各墩柱桥墩底截面主轴抗弯承载能力见表 4.4-4、表 4.4-5。

第4章 曲线桥梁抗震设计算例

E1 地震下各桥墩墩底截面沿 2 轴最不利组合地震反应　　表 4.4-2

桥墩编号	恒载轴力 (kN)	地震轴力 (kN)	最不利轴力 (kN)	恒载弯矩 M_2 (kN·m)	地震弯矩 M_2 (kN·m)	最不利弯矩 M_2 (kN·m)
4 号	5 942.64	196.45	5 746.19	881.96	8 674.45	9 556.41
5 号	8 484.92	54.08	8 430.84	499.13	12 090.53	12 589.66
6 号	9 231.20	91.09	9 140.12	495.64	14 729.76	15 225.41
7 号	5 930.12	80.69	5 849.43	887.21	14 464.09	15 351.30

E1 地震下各桥墩墩底截面沿 3 轴最不利组合地震反应　　表 4.4-3

桥墩编号	恒载轴力 (kN)	地震轴力 (kN)	最不利轴力 (kN)	恒载弯矩 M_3 (kN·m)	地震弯矩 M_3 (kN·m)	最不利弯矩 M_3 (kN·m)
4 号	5 942.64	196.45	5 746.19	0.14	2 095.00	2 095.13
5 号	8 484.92	54.08	8 430.84	0.00	2 554.99	2 554.99
6 号	9 231.20	91.09	9 140.12	16.86	8 785.12	8 801.98
7 号	5 930.12	80.69	5 849.43	73.59	1 411.62	1 485.21

墩底截面 2 轴方向抗弯承载力验算　　表 4.4-4

桥墩编号	最不利轴力 (kN)	最不利弯矩 (kN·m)	抗弯承载力 (kN·m)	验算结果	配筋率
4 号	5 746.19	9 556.41	17 770	通过	0.80%
5 号	8 430.84	12 589.66	19 980	通过	0.80%
6 号	9 140.12	15 225.41	20 580	通过	0.80%
7 号	5 849.43	15 351.30	17 910	通过	0.80%

墩底截面 3 轴方向抗弯承载力验算　　表 4.4-5

桥墩编号	最不利轴力 (kN)	最不利弯矩 (kN·m)	抗弯承载力 (kN·m)	验算结果	配筋率
4 号	5 746.19	2 095.13	13 500	通过	0.80%
5 号	8 430.84	2 554.99	15 310	通过	0.80%
6 号	9 140.12	8 801.98	16 740	通过	0.80%
7 号	5 849.43	1 485.21	13 610	通过	0.80%

(3) 验算

由表 4.4-4 和表 4.4-5 可以看出,各墩柱底截面沿主轴方向抗弯承载力均满足要求。

4.5 E2 地震作用下地震反应与抗震验算

根据《规范》6.2.3 条,进行曲线桥地震反应分析时,应考虑地震最不利输入方向。本例对非线性模型按 L 方向和 N 方向同时输入地震时程,进行多方向输入的非线性时程分析,计算结构地震响应。本例桥墩为延性构件,按《规范》7.3 节规定,E2 地震作用下应进行延性构件变形验算。

4.5.1 延性构件地震反应

E2 地震作用下,根据采用有效截面的非线性时程分析结果,各桥墩墩顶位移见表 4.5-1。

E2 地震作用下桥墩墩顶位移   表 4.5-1

墩 号	切向位移(cm)	法向位移(cm)
4 号	2.1	5.4
5 号	2.3	6.8
6 号	12.1	9.0
7 号	1.1	9.3

4.5.2 E2 地震作用下延性构件抗震验算

桥墩为延性构件,根据《规范》7.3 节规定,在 E2 阶段需要验算桥墩的位移能力。

(1)切线方向

据《规范》7.3.5 条和 7.3.6 条的规定来计算墩柱的位移能力。由《规范》附录 B 计算得到墩底截面等效屈服曲率和极限曲率,由计算公式:

$$\Delta_u = \frac{1}{3}H^2 \times \phi_y + \left(H - \frac{L_p}{2}\right) \times \theta_u$$

式中:L_p——等效塑性铰长度,$L_p = 0.08H + 0.022f_y d_{bl} \geq 0.044 f_y d_{bl}$;

θ_u——塑性铰区的最大容许转角,$\theta_u = l_p(\phi_u - \phi_y)/K$;

ϕ_y——等效屈服曲率;

ϕ_u——极限屈服曲率。

可以计算得到各墩墩顶切向容许位移如表 4.5-2 所示。

由表 4.5-1 和表 4.5-2 可以看出,E2 地震作用下各桥墩切线方向位移均满足要求。

(2)法线方向

计算得到各墩墩顶法向容许位移如表 4.5-3 所示(计算方法与(1)相同)。

E2 地震作用下桥墩墩顶切向容许位移　　表 4.5-2

墩号	$\phi_y(\text{cm}^{-1})$	$\phi_u(\text{cm}^{-1})$	$L_p(\text{cm})$	$\theta_u(\text{rad})$	$\Delta_u(\text{cm})$
4 号	1.58×10^{-5}	5.96×10^{-4}	85.5	2.48×10^{-2}	23.9
5 号	1.62×10^{-5}	6.05×10^{-4}	85.5	2.52×10^{-2}	24.4
6 号	1.64×10^{-5}	6.09×10^{-4}	85.5	2.53×10^{-2}	24.5
7 号	1.58×10^{-5}	5.96×10^{-4}	85.5	2.48×10^{-3}	23.9

E2 地震作用下桥墩墩顶法向容许位移　　表 4.5-3

墩号	$\phi_y(\text{cm}^{-1})$	$\phi_u(\text{cm}^{-1})$	$L_p(\text{cm})$	$\theta_u(\text{rad})$	$\Delta_u(\text{cm})$
4 号	1.23×10^{-5}	4.30×10^{-4}	85.5	1.78×10^{-2}	17.5
5 号	1.24×10^{-5}	4.01×10^{-4}	85.5	1.66×10^{-2}	16.5
6 号	1.24×10^{-5}	3.86×10^{-4}	85.5	1.60×10^{-2}	16.0
7 号	1.23×10^{-5}	4.30×10^{-4}	85.5	1.78×10^{-2}	17.5

由表 4.5-1 和表 4.5-3 可以看出,E2 地震作用下各桥墩法线方向位移均满足要求。

4.6　其他构件计算与验算

4.6.1　支座

根据《规范》7.4.6 条,对于盆式支座,活动方向应验算水平位移,固定方向应验算水平力。本节仅考虑地震作用的影响,验算支座抗震性能,实际支座选型还应考虑与永久作用、温度作用等进行组合。

根据《规范》6.6 节规定,支座作为能力保护构件设计时,应取与墩柱塑性铰区域截面超强弯矩所对应的弯矩和剪力值,对于单柱墩塑性铰区域截面超强弯矩的计算,应考虑桥墩正截面受弯承载力超强系数 φ_0(取为 1.2),从而得到支座内力与变形设计值,再进行支座固定方向水平力和活动方向位移的验算。E2 地震作用下,塑性铰区域截面屈服强度考虑 1.2 的超强系数,非线性时程分析得到的计算联各桥墩上支座合力和变形分别见表 4.6-1、表 4.6-2。以下以 5 号墩为例,给出支座验算过程,表 4.6-3、表 4.6-4 列出了计算联所有支座固定方向水平力和活动方向位移的验算结果。

E2 地震作用下各桥墩上支座合力　　表 4.6-1

支座位置	轴力(kN)	剪力 V_2(kN)	弯矩 M_2(kN·m)	剪力 V_3(kN)
4 号墩顶	143.21	50.15	307.94	1 231.74
5 号墩顶	158.72	152.43	760.80	3 043.20

续上表

支座位置	轴力(kN)	剪力 V_2(kN)	弯矩 M_2(kN·m)	剪力 V_3(kN)
6号墩顶	256.05	3 227.27	1 036.50	4 146.01
7号墩顶	157.31	57.04	554.85	2 219.41

E2 地震作用下各桥墩上支座变形　　　　　　　　　　表4.6-2

支座位置	切向位移(cm)	支座位置	切向位移(cm)
4号墩顶	12.8	7号墩顶	11.0
5号墩顶	11.4		

计算联支座固定方向水平承载力验算　　　　　　　　表4.6-3

支座位置	方向	剪力设计值(kN)	容许水平力(kN)	验算结果
4号墩顶	法向	616	2 500	通过
5号墩顶	法向	1 522	2 500	通过
6号墩顶	切向	1 614	2 500	通过
	法向	2 073	2 500	通过
7号墩顶	法向	1 110	2 500	通过

计算联支座活动方向位移验算　　　　　　　　　　　表4.6-4

支座位置	方向	位移设计值(cm)	容许位移(cm)	验算结果
4号墩顶	切向	15.1	20.0	通过
5号墩顶	切向	13.5	20.0	通过
7号墩顶	切向	12.0	20.0	通过

(1)活动方向位移验算

单个支座活动方向容许滑动水平位移：

$$X_{\max} = 20 \text{cm}$$

支座活动方向水平位移设计值：

$$X_B = 11.4 \text{cm} < X_{\max} = 20 \text{cm}$$

5号墩上支座活动方向水平位移满足要求。

(2)固定方向水平力验算

支座固定方向容许水平力：

$$E_{\max} = 0.2 E_D = 0.2 \times 12\,500 = 2\,500 (\text{kN})$$

式中,E_D 为支座竖向承载力。

支座固定方向水平力设计值:

$$E_{hzh} = 3\,043/2 = 1\,521.5(kN) < E_{max} = 2\,500kN$$

5 号墩上支座固定方向水平力满足要求。

从而,计算联各支座满足抗震要求。

4.6.2 基础

根据《规范》6.6 节规定,基础作为能力保护构件设计时,应取与墩柱塑性铰区域截面超强弯矩所对应的弯矩和剪力值,并考虑承台的贡献进行计算,得到承台底的内力设计值。如图 4.6-1 所示,在进行桩基础内力计算时,作用于承台底的内力包含:①非线性时程计算出的承台底内力;②恒载自身的作用力。

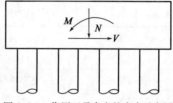

图 4.6-1 作用于承台底的内力示意图

(1) 切向单桩最不利内力

根据非线性时程计算结果,E2 地震作用下考虑材料超强,承台底切向最不利内力见表 4.6-5,与恒载内力进行组合,组合最不利内力:①最大轴力为恒载轴力 + 地震轴力;②最小轴力为恒载轴力 – 地震轴力;③弯矩为恒载弯矩 + 地震弯矩;④剪力为恒载剪力 + 地震剪力,组合结果见表 4.6-6。

E2 地震作用各桥墩承台底切向最不利内力　　表 4.6-5

承台位置	轴力(kN)	剪力 V_2(kN)	弯矩 M_3(kN·m)
4 号墩底	1 009.26	1 381.02	6 451.33
5 号墩底	202.30	1 200.79	7 507.87
6 号墩底	297.64	3 251.97	32 488.73
7 号墩底	237.10	569.20	3 400.28

E2 地震作用各桥墩承台底切向最不利组合内力　　表 4.6-6

承台位置	恒载内力			最不利组合内力			
	轴力(kN)	剪力 V_2(kN)	弯矩 M_3(kN·m)	最大轴力(kN)	最小轴力(kN)	剪力 V_2(kN)	弯矩 M_3(kN·m)
4 号墩底	7 467.47	0.00	0.47	8 476.72	6 458.21	1 381.02	6 451.80
5 号墩底	10 006.06	0.00	0.00	10 208.36	9 803.76	1 200.78	7 507.87
6 号墩底	10 754.10	1.97	21.26	11 051.74	10 456.47	3 253.94	32 509.98
7 号墩底	7 456.39	0.00	72.99	7 693.49	7 219.29	569.20	3 473.27

注:表中最不利剪力与弯矩为考虑材料超强后的地震剪力与地震弯矩与恒载内力组合的结果。

(2) 法向单桩最不利内力

根据非线性时程计算结果，E2 地震作用下考虑材料超强，承台底法向最不利内力见表 4.6-7。与恒载内力进行组合，组合最不利内力：①最大轴力为恒载轴力＋地震轴力；②最小轴力为恒载轴力－地震轴力；③弯矩为恒载弯矩＋地震弯矩；④剪力为恒载剪力＋地震剪力，组合结果见表 4.6-8。

E2 地震作用各桥墩承台底法向最不利内力　　　　　　表 4.6-7

承台位置	轴力(kN)	剪力 V_3 (kN)	弯矩 M_2 (kN·m)
4 号墩底	1 009.26	2 623.95	25 174.66
5 号墩底	202.30	4 030.96	35 590.81
6 号墩底	297.64	4 693.32	47 850.59
7 号墩底	237.10	4 733.11	48 931.05

E2 地震作用各桥墩承台底法向最不利组合内力　　　　表 4.6-8

承台位置	恒载内力			最不利组合内力			
	轴力(kN)	剪力 V_3 (kN)	弯矩 M_2 (kN·m)	最大轴力(kN)	最小轴力(kN)	剪力 V_3 (kN)	弯矩 M_2 (kN·m)
4 号墩底	7 467.47	40.52	844.70	8 476.72	6 458.21	2 664.48	26 019.36
5 号墩底	10 006.06	29.07	562.72	10 208.36	9 803.76	4 060.04	36 153.53
6 号墩底	10 754.10	28.19	556.76	11 051.74	10 456.47	4 721.51	48 407.34
7 号墩底	7 456.39	61.46	799.67	7 693.49	7 219.29	4 794.57	49 730.72

注：表中最不利剪力、弯矩为考虑材料超强后的地震剪力、地震弯矩与恒载内力组合的结果。

(3) 最不利单桩抗弯承载力验算

根据《公路钢筋混凝土及预应力混凝土桥涵设计规范》（JTG D62—2004）的相关规定，考虑最不利组合，即在单桩轴力最小时，根据实际的桩基础截面配筋，计算桩身的抗弯承载力，从而验算最不利单桩抗弯强度，验算结果见表 4.6-9。

各桥墩单桩最不利截面抗弯能力验算表　　　　　　　表 4.6-9

主轴方向	墩号	最小轴力(kN)	剪力需求(kN)	弯矩需求(kN·m)	抗弯承载力(kN·m)	验算结果
切向	4 号	143	345	468	143	通过
	5 号	887	300	474	887	通过
	6 号	-3 445	814	1 720	-3 445	通过
	7 号	1 077	142	222	1 077	通过

续上表

主轴方向	墩号	最小轴力 (kN)	剪力需求 (kN)	弯矩需求 (kN·m)	抗弯承载力 (kN·m)	验算结果
法向	4号	-2 284	666	912	-2 284	通过
	5号	-3 068	1 015	1 318	-3 068	通过
	6号	-4 571	1 180	1 664	-4 571	通过
	7号	-4 949	1 199	1 701	1 742	通过

(4)最不利单桩竖向承载力验算

根据最大单桩轴力来验算单桩竖向承载力,单桩竖向承载力可以根据《公路桥涵地基与基础设计规范》(JTG D63—2007)的相关规定计算,这里作为已知条件直接给出,而且《规范》4.4.1条规定,E2地震作用下,在非液化土中,单桩的抗压承载力可以提高至原来的2倍,验算结果见表4.6-10。

各桥墩单桩最不利截面竖向承载能力验算表 表4.6-10

主轴方向	墩号	最大轴力(kN)	单桩竖向承载力(kN)	验算结果
切向	4号	3 591	12 000	通过
	5号	4 116	12 000	通过
	6号	8 822	12 000	通过
	7号	2 652	12 000	通过
法向	4号	6 017	12 000	通过
	5号	8 071	12 000	通过
	6号	9 948	12 000	通过
	7号	9 289	12 000	通过

4.6.3 桥墩抗剪

根据《规范》7.4.2条规定,需要对墩柱抗剪强度进行检算,保证墩柱作为能力保护构件不发生剪切破坏。非线性时程计算得到的各桥墩墩底截面最不利内力见表4.6-11,考虑超强系数1.2后,与恒载内力进行组合,组合最不利内力为:①最小轴力为恒载轴力-地震轴力;②剪力为恒载剪力+地震剪力(考虑材料超强)。组合结果见表4.6-12。下面以6号墩为例,对其斜截面抗剪能力进行验算,过程如下所示,其他桥墩斜截面抗剪能力验算结果见表4.6-13。

E2 地震作用各桥墩墩底截面最不利内力 表4.6-11

主轴方向	墩号	轴力(kN)	弯矩(kN·m)	剪力(kN)
2轴	4号	983	19 863	710
	5号	209	22 185	809
	6号	286	22 917	2 025
	7号	249	20 031	419
3轴	4号	983	4 750	2 113
	5号	209	5 649	2 658
	6号	286	17 446	2 871
	7号	249	2 873	2 690

E2 地震作用各桥墩墩底截面最不利组合内力 表4.6-12

主轴方向	墩号	恒载轴力(kN)	地震轴力(kN)	最不利轴力(kN)	恒载剪力(kN)	地震剪力(kN)	最不利剪力(kN)
2轴	4号	5 943	983	4 960	0	851	851
	5号	8 485	209	8 276	0	971	971
	6号	9 231	286	8 946	2	2 430	2 432
	7号	5 930	249	5 681	0	503	503
3轴	4号	5 943	983	4 960	43	2 536	2 578
	5号	8 485	209	8 276	29	3 190	3 219
	6号	9 231	286	8 946	27	3 445	3 472
	7号	5 930	249	5 681	64	3 229	3 292

注：表中地震剪力为考虑材料超强后的剪力，即为时程计算得到的最不利剪力乘以1.2的超强系数。

各桥墩斜截面抗剪强度验算表 表4.6-13

主轴方向	墩号	剪力设计值(kN)	抗剪强度(kN)	验算结果
切向	4号	851	5 218	通过
	5号	971	5 428	通过
	6号	2 432	3 006	通过
	7号	503	5 264	通过
法向	4号	2 578	5 345	通过
	5号	3 219	4 884	通过
	6号	3 472	3 857	通过
	7号	3 292	3 550	通过

(1)切线方向

根据表4.6-12,6号墩墩底塑性铰区域截面切线方向设计剪力、最小轴力分别为:

$$V = 2\,432\text{kN}$$
$$P_c = 8\,946\text{kN}$$

切线方向位移延性系数计算如下:

$$\mu_\Delta = \frac{\Delta_d}{\Delta_y}$$
$$= \frac{12.1}{1.64 \times 10^{-5} \times 854^2/3}$$
$$= 3.03$$

其中:Δ_y——墩柱塑性铰屈服时的纵桥向墩顶位移;

Δ_d——墩柱纵桥向地震位移需求,由表4.4-5可以得到。

根据《规范》7.4.2条,墩柱塑性铰区域沿切向斜截面抗剪能力应按照下列公式计算。

$$\rho_s = \frac{2A_v}{bs} = \frac{2 \times 2.545}{250 \times 10} = 0.002\,036$$

$$\mu_\Delta = 3.03$$

$$\lambda = \frac{\rho_s f_{yh}}{10} + 0.38 - 0.1\mu_\Delta = \frac{0.002\,036 \times 280}{10} + 0.38 - 0.1 \times 3.04$$

$$= 0.133 < 0.3,\text{取}\ \lambda = 0.133$$

$$v_c = \lambda\left(1 + \frac{P_c}{1.38 \times A_g}\right)\sqrt{f_{cd}} = 0.133 \times \left(1 + \frac{8\,946}{1.38 \times 43\,990}\right) \times \sqrt{18.4}$$

$$= 0.653(\text{MPa}) < \min\{0.355\sqrt{f_{cd}}, 1.47\lambda\sqrt{f_{cd}}\} = 0.836\text{MPa},\text{取}\ v_c = 0.653\text{MPa}$$

$$V_u = \phi\left(0.1 v_c A_e + 0.1 \times \frac{A_v f_{yh} h_0}{s}\right)$$

$$= 0.85 \times \left(0.1 \times 0.653 \times 0.8 \times 43\,990 + 0.1 \times \frac{2.545 \times 280 \times 174}{10}\right)$$

$$= 3\,006(\text{kN}) > 2\,432\text{kN}$$

式中:V_u——墩柱塑性铰区域斜截面抗剪承载力;

ρ_s——墩柱塑性铰区域的配箍率;

A_v——计算方向上箍筋面积总和,本例取 2.545cm^2;

s——箍筋的间距,这里取 10cm;

μ_Δ——墩柱位移延性系数,为墩柱地震位移需求与墩柱塑性铰屈服时的位移之比;

f_{yh}——箍筋抗拉强度设计值,这里取 280MPa;

v_c——塑性铰区域混凝土抗剪强度;

f_{cd}——混凝土抗压强度设计值,对于 C40 混凝土取 18.4MPa;

P_c——墩柱截面的最小轴压力;

A_g——墩柱塑性铰区域截面全面积;

A_e——核芯混凝土面积,可取 $0.8A_g$;

ϕ——抗剪强度折减系数,一般取为 0.85。

因此,6 号切线方向墩柱塑性铰区域抗剪强度满足要求。

(2)法线方向

根据表 4.6-12,6 号墩墩底塑性铰区域截面法线方向设计剪力、最小轴力分别为:

$$V = 3\,472\text{kN}$$

$$P_c = 8\,946\text{kN}$$

法线方向位移延性系数计算如下:

$$\mu_\Delta = \frac{\Delta_d}{\Delta_y}$$

$$= \frac{9.0}{1.24 \times 10^{-5} \times 85.4^2/3}$$

$$= 2.975$$

其中:Δ_y——墩柱塑性铰屈服时的纵桥向墩顶位移;

Δ_d——墩柱纵桥向地震位移需求,由表 4.4-5 可以得到。

根据《规范》7.4.2 条,墩柱塑性铰区域沿法向斜截面抗剪能力应按照下列公式计算:

$$\rho_s = \frac{2A_v}{bs} = \frac{2 \times 2.545}{180 \times 10} = 0.002\,828$$

$$\mu_\Delta = 2.975$$

$$\lambda = \frac{\rho_s f_{yh}}{10} + 0.38 - 0.1\mu_\Delta = \frac{0.002\,828 \times 280}{10} + 0.38 - 0.1 \times 2.975$$

$$= 0.162 < 0.3, 取 \lambda = 0.162$$

$$v_c = \lambda \left(1 + \frac{P_c}{1.38 \times A_g}\right)\sqrt{f_{cd}} = 0.162 \times \left(1 + \frac{8\,946}{1.38 \times 43\,990}\right) \times \sqrt{18.4}$$

$$= 0.795(\text{MPa}) < \min\{0.355\sqrt{f_{cd}}, 1.47\lambda\sqrt{f_{cd}}\} = 1.019\text{MPa}, 取 v_c = 0.795\text{MPa}$$

$$V_u = \phi\left(0.1 v_c A_e + 0.1 \times \frac{A_v f_{yh} h_0}{s}\right)$$

$$= 0.85 \times \left(0.1 \times 0.795 \times 0.8 \times 43\,990 + 0.1 \times \frac{2.545 \times 280 \times 244}{10}\right)$$

$$= 3\,857(\text{kN}) > 3\,472\text{kN}$$

因此,6号墩法线方向墩柱塑性铰区域抗剪强度满足要求。

由表4.6-13可以看出,各桥墩斜截面抗剪强度满足要求。

第5章 大跨径连续梁桥抗震设计算例

5.1 概述

大跨径连续梁桥纵桥向只有一个桥墩为固定支座,其他桥墩采用活动支座,纵向地震输入下,地震力主要由固定墩承受,固定支座、固定墩及其基础为大跨度连续梁桥的地震易损部位。本章将以某大跨径混凝土连续梁桥为例,进行地震反应分析与验算,以期认识该类桥梁在地震作用下的破坏特点,并对该类桥梁的抗震设计提供参考。

5.2 工程概况与地震动输入

5.2.1 工程概况

上海地区某大跨径桥,桥跨布置为58m+94m+58m,桥梁总体布置见图5.2-1,梁体横断面见图5.2-2;桥宽31.7m,上部结构采用预应力混凝土变截面连续箱梁;下部结构桥墩采用独柱矩形墩,立面图和侧面图见图5.2-3;基础为桩基础,基础布置见图5.2-4。

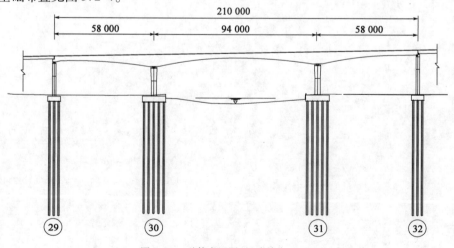

图 5.2-1 总体布置图(尺寸单位:mm)

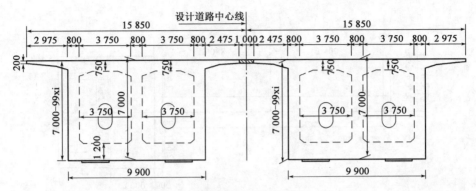

图 5.2-2　桥梁横断面图(尺寸单位:mm)

边墩墩顶均布置 2 个 GCQZ10000-SX-e150-Ⅱ型双向活动球型钢支座,中墩 30 号墩墩顶采用 2 个 GCQZ60000-DX-e150-Ⅱ型单向球型钢支座,中墩 31 号墩墩顶采用 2 个 GCQZ60000-GD-e150-Ⅱ型固定球型钢支座;两边引桥上采用 GYZ325×55 型板式橡胶支座。

29 号墩墩高 19.768m,30 号墩墩高 16.728m,31 号墩墩高 17.863m,32 号墩墩高 23.22m,各墩配筋率均为 1.04%;主桥桥墩桩基采用直径为 1.2m 的钻孔灌注桩,桩长 70m。引桥桥墩桩基采用直径为 0.8m 的钻孔灌注桩,左引桥桩长 45m,右引桥桩长 60m,配筋率为 1.8%,墩柱与桩身配筋见图 5.2-5。上部结构、墩柱、基础分别采用 C50、C40、C30 混凝土。二期恒载换算成线质量为 11.34t/m。根据《公路钢筋混凝土及预应力混凝土桥涵设计规范》(JTG D62—2004),可以得到所用的钢筋和混凝土的材料特性,见表 5.2-1。

混凝土和钢筋材料特性表　　　　　表 5.2-1

材料	强度标准值(MPa)	强度设计值(MPa)	弹性模量(MPa)
C30 混凝土	20.1	13.8	3.00×10^4
C40 混凝土	26.8	18.4	3.25×10^4
C50 混凝土	32.4	22.4	3.45×10^4
HRB335 普通钢筋	335	280	2.00×10^5

5.2.2　地震动输入

根据《规范》3.1.1 条规定,该桥是位于交通枢纽位置上的桥梁,按城市桥梁抗震设防分类为乙类,结合设防烈度,选用 A 类抗震设计方法,进行 E1 和 E2 地震作用下的抗震分析和抗震验算,并满足桥梁抗震体系以及相关构造和抗震措施的要求。

城市桥梁抗震设计算例

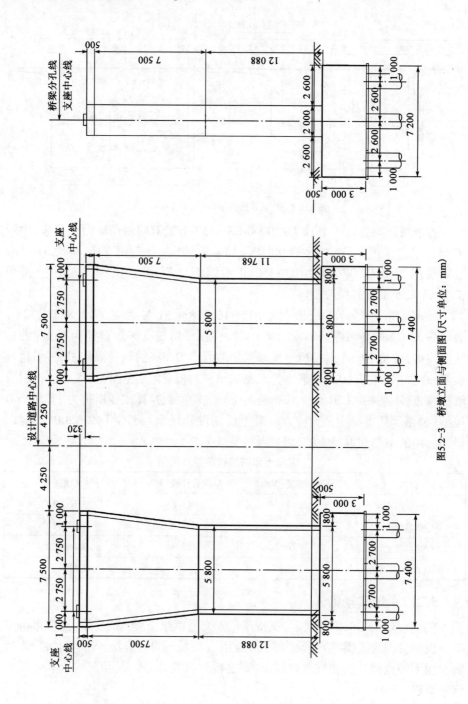

图5.2-3 桥墩立面与侧面图（尺寸单位：mm）

102

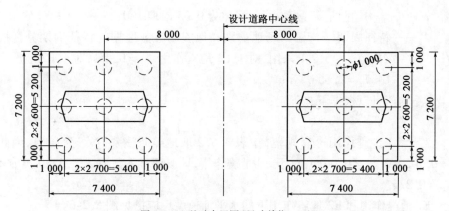

图 5.2-4 基础布置图(尺寸单位:mm)

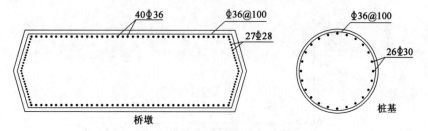

图 5.2-5 墩柱配筋与基础配筋(尺寸单位:mm)

根据现行的《中国地震动参数区划图》,该地区的抗震设防烈度为7度,设计基本加速度峰值为0.10g,地震分区为第一区,该场地类别为Ⅳ类场地,设计加速度反应谱特征周期为0.65s。根据《规范》3.2.2条规定,乙类桥梁E1和E2的水平向地震峰值加速度A应考虑地震调整系数C_i:E1地震作用为0.61,E2地震作用为2.2。

根据《规范》5.2.1条规定,5%阻尼比水平设计加速度反应谱为:

$$S = \begin{cases} 0.45 S_{\max} & (T = 0\text{s}) \\ \eta_2 S_{\max} & (0.1\text{s} < T \leq T_g) \\ \eta_2 S_{\max} \left(\dfrac{T_g}{T}\right)^{\gamma} & (T_g < T \leq 5T_g) \\ [\eta_2 0.2^{\gamma} - \eta_1 (T - 5T_g)] S_{\max} & (5T_g < T \leq 6\text{s}) \end{cases}$$

式中:γ——自特征周期至5倍特征周期区段曲线衰减指数,阻尼比为0.05时取0.9;

η_1——自5倍特征周期至6s区段直线下降段下降斜率调整系数,阻尼比为0.05时取0.02;

η_2——结构的阻尼调整系数,阻尼比为 0.05 时取 1.0;

T_g——特征周期(s),根据场地类别和地震动参数区划的特征周期分区按《规范》表 5.2-1 采用,对于 E1 地震作用,$T_g = 0.65\mathrm{s}$,对于 E2 地震作用,$T_g = 0.65\mathrm{s}$。

S_{max} 的值可以根据下式确定:

$$S_{max} = 2.25A$$

对于 E1 地震作用,按《规范》中表 3.6.2 取地震调整系数 C_i 为 0.61,因此 $A = 0.10g \times 0.61 = 0.061g$;对于 E2 地震作用,地震调整系数取 2.2,$A = 0.10g \times 2.2 = 0.22g$。

E1 地震作用和 E2 地震作用下的水平加速度反应谱见图 5.2-6。

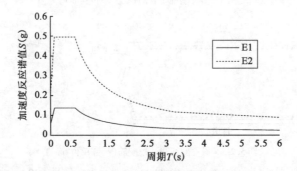

图 5.2-6 E1 和 E2 地震加速度反应谱

根据《规范》5.3 节规定,本例进行 E1、E2 地震时程分析时,地震动时程采用设计加速度反应谱为目标拟合设计加速度时程,拟合得到的 E1、E2 各 3 条时程曲线见图 5.2-7;根据 6.4 节规定,本例采用 3 条地震加速度时程进行地震反应计算,最终的时程分析结果取各组计算结果最大值。由 E1、E2 的 3 条时程曲线得到的反应谱与规范反应谱的对比见图 5.2-8,由图可知,加速度时程与设计加速度反应谱相匹配。

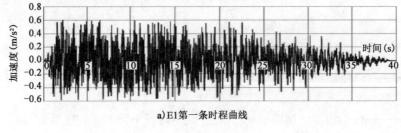

a)E1 第一条时程曲线

图 5.2-7

第5章 大跨径连续梁桥抗震设计算例

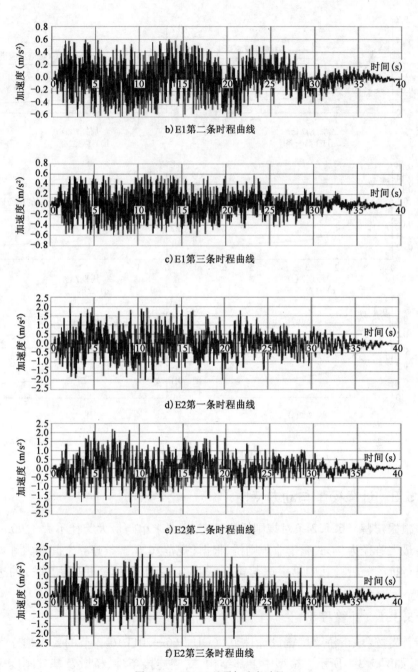

图 5.2-7　E1、E2 地震加速度时程

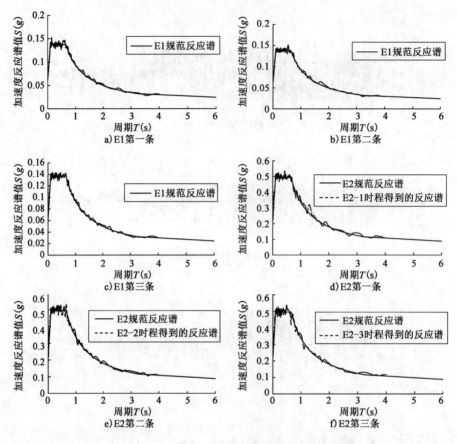

图 5.2-8　E1、E2 时程曲线得到的反应谱与规范反应谱对比

5.3　计算模型与动力特性

根据《规范》6.1.2 条对规则桥梁的定义，要求单跨最大跨径不大于 90m，而本桥最大跨径为 94m，属于非规则桥，根据《规范》6.2.1 条建立空间动力计算模型进行抗震分析。其中第一联与第三联为引桥，作为验算联（第二联）的边界条件。

5.3.1　计算模型

首先按《城市桥梁抗震设计规范》(CJJ 166—2011) 6.2 节的要求建立计算模型，如图 5.3-1 所示。模型中上部结构、支座连接条件、桥墩及基础刚度等模拟如下。

（1）主梁、盖梁和桥墩模拟

主梁、盖梁和桥墩采用空间单元梁单元模拟。主梁混凝土强度等级 C50，弹性模量为 $3.45 \times 10^4 \mathrm{MPa}$，桥墩、盖梁混凝土强度等级为 C40，弹性模量为 $3.25 \times 10^4 \mathrm{MPa}$，主梁、盖梁和桥墩的毛截面特性见表 5.3-1。

主梁、盖梁和桥墩的毛截面特性表　　　　　　表 5.3-1

截面类型	面积（m^2）	抗扭惯性矩（m^4）	绕 2 轴抗弯惯性矩（m^4）	绕 3 轴抗弯惯性矩（m^4）
边跨支座	18.16	50.19	233.12	18.58
边跨 1/4	10.67	31.02	170.98	12.79
边跨 1/2	12.26	54.69	189.82	25.04
边跨 3/4	15.68	101.52	232.05	52.66
中跨支座	34.31	387.62	412.48	228.67
中跨 1/8	17.69	144.43	256.22	83.16
中跨 1/4	13.93	69.31	210.97	32.70
中跨 3/8	11.26	39.12	177.97	16.76
中跨跨中	10.60	30.07	170.10	12.34
盖梁	9.58	10.08	5.63	12.28
29 号墩墩底	11.00	11.54	27.81	3.57
30 号墩墩底	16.50	33.40	41.72	12.04
31 号墩墩底	16.50	33.40	41.72	12.04
32 号墩墩底	11.00	11.54	27.81	3.57

注：2 轴、3 轴对于主梁和盖梁截面分别代表竖轴、横轴，对于桥墩截面分别代表顺桥向轴、横桥向轴。

其中桥墩为延性构件，在进行 E2 地震作用分析时，应按《规范》6.1.8 条要求，采用有效截面抗弯刚度，按《规范》6.1.8 条计算出桥墩的有效截面刚度为：

$$E_c I_{\mathrm{eff}} = \frac{M_y}{\phi_y}$$

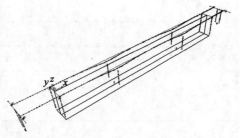

图 5.3-1　空间有限元计算模型

式中：E_c——桥墩混凝土的弹性模量（kN/m^2）；

I_{eff}——桥墩有效截面的抗弯惯性矩（m^4）；

M_y——等效屈服弯矩（$kN \cdot m$）；

ϕ_y——等效屈服曲率(m^{-1})。

按《规范》附录 A,各墩柱配筋率 1.035%,根据轴压比大小,查得各个墩柱底有效截面特性如表 5.3-2 所示。

各墩柱底有效截面特性表　　　　　　　　　　　表 5.3-2

墩号	截面位置	轴压比	刚度比	I_{2-2}(m^4)	I_{3-3}(m^4)
29 号	墩底	0.054	0.33	9.177	1.178
30 号	墩底	0.126	0.37	15.436	4.455
31 号	墩底	0.127	0.37	15.436	4.455
32 号	墩底	0.059	0.33	9.177	1.178

注:1. 表中的"刚度比"为有效截面惯性矩与毛截面惯性矩的比值;
　　2. I_{2-2} 和 I_{3-3} 分别是绕顺桥向轴和横桥向轴的有效抗弯惯性矩。

(2)支座连接条件模拟

在建立线性计算模型时,不考虑活动支座的滑动效应。支座连接条件模拟如图 5.3-2、表 5.3-3 所示。

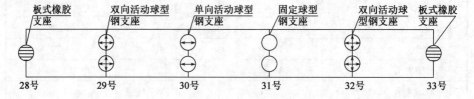

图 5.3-2　支座布置形式图

支座连接条件表　　　　　　　　　　　表 5.3-3

墩号	Δ_x	Δ_y	Δ_z	θ_x	θ_y	θ_z
28 号	S	1	1	1	0	1
29 号	0	0	1	1	0	0
30 号	0	1	1	1	0	1
31 号	1	1	1	1	0	1
32 号	0	0	1	1	0	0
33 号	S	1	1	1	0	1

注:1. x,y,z 分别表示顺桥向、横桥向和竖向;
　　2.0 表示自由,1 表示固结,S 表示考虑支座的弹性刚度;
　　3.28 号、33 号为引桥桥墩。

根据《规范》6.1.5 条规定,对主跨超过 90m 的连续梁桥宜进行非线性时程分析。进行非线性时程分析时,在线性模型的基础上,考虑了活动支座与梁底的摩擦作用效应,活动支座用双线性单元模拟,如图 5.3-3 所示。

模型中临界滑动力 $F_{\max}$ 为:
$$F_{\max} = \mu_d W$$

初始刚度为:

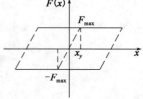

图 5.3-3 滑动支座双线性模型

$$k = \frac{F_{\max}}{x_y}$$

式中:μ_d——滑动摩擦系数,一般取 0.02;

W——支座所承担的上部结构重力(kN);

x_y——活动盆式支座屈服位移(m),取支座临界滑动时的位移,一般取 0.003m。

(3)桩基础刚度模拟

墩底承台假设为刚性,模拟为一个空间质量点;桩基础刚度可在承台底加六个方向的弹簧来模拟(图 5.3-4)。弹簧刚度根据土层状况和桩的布置形式按 m 法计算,计算出的群桩基础的刚度参数见表 5.3-4。

基础刚度参数表 表 5.3-4

方向	平动刚度(kN/m)			转动刚度(kN·m/rad)		
	纵向	横向	竖向	绕纵向	绕横向	绕竖向
29 号、32 号墩基础刚度						
刚度	5.12×10^5	5.12×10^5	5.56×10^6	3.29×10^7	3.09×10^7	5.9×10^6
30 号、31 号墩基础刚度						
刚度	2.75×10^6	3.14×10^6	3.13×10^7	2.52×10^9	5.48×10^8	2.76×10^8

5.3.2 动力特性

基于所有构件均采用毛截面特性和墩柱采用有效截面特性所建立的空间动力模型,应用 Sap2000 有限元程序进行动力特性分析,得到所有构件采用毛截面和墩柱采用有效截面结构桥梁结构振动周期与振型特征如下。

(1)所有构件均采用毛截面

采用毛截面计算出的结构前几阶自振周期与振型特性见表 5.3-5。

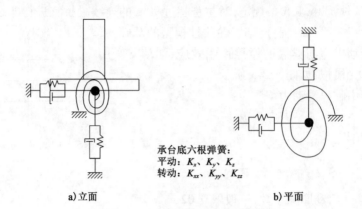

a) 立面　　　　　　　　　　　　　　b) 平面

承台底六根弹簧：
平动：K_x、K_y、K_z
转动：K_{xx}、K_{yy}、K_{zz}

图 5.3-4　基础的六弹簧模拟图

结构自振周期与振型特征　　　　　　　　　表 5.3-5

振型阶数	周期(s)	振型特征
1	1.88	纵向振动
2	1.19	弯扭振动
3	1.11	横向振动
4	0.83	竖弯振动
5	0.80	横向振动

典型振型如图 5.3-5 ~ 图 5.3-7 所示。

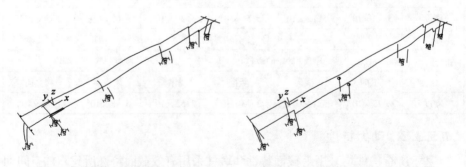

图 5.3-5　结构第 1 阶振型图（毛截面）　　　图 5.3-6　结构第 2 阶振型图（毛截面）

（2）墩柱采用有效截面

采用有效截面计算出的结构前几阶自振周期与振型特性见表 5.3-6。
典型振型如图 5.3-8 ~ 图 5.3-10 所示。

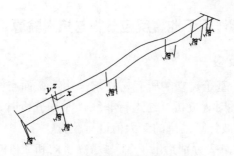

图 5.3-7　结构第 4 阶振型图(毛截面)

结构自振周期与振型特征　　　　　　　　表 5.3-6

振型阶数	周期(s)	振 型 特 征
1	2.67	纵向振动
2	1.46	弯扭振动
3	1.37	横向振动
4	0.88	横向振动
5	0.83	竖弯振动

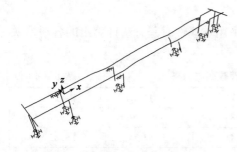
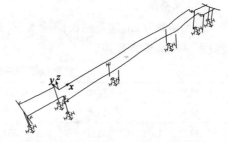

图 5.3-8　结构第 1 阶振型图(有效截面)　　　图 5.3-9　结构第 2 阶振型图(有效截面)

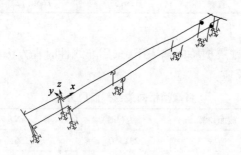

图 5.3-10　结构第 3 阶振型图(有效截面)

5.4 E1 地震作用下地震反应分析与抗震验算

5.4.1 地震反应

E1 地震作用下,基于建立的所有构件均采用毛截面空间动力计算模型,对桥梁结构进行非线性时程分析。在进行非线性时程分析时,输入 3 条地震波进行计算,取 3 条地震波计算结果的最大值进行验算。

图 5.4-1 和图 5.4-2 分别给出了 31 号墩纵桥向和横桥向弯矩包络图。

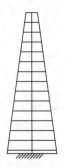

图 5.4-1 31 号墩纵桥向弯矩包络图　　图 5.4-2 31 号墩横桥向弯矩包络图

(1) 纵桥向

表 5.4-1 为 E1 地震纵桥向输入下,采用非线性时程方法计算出的各桥墩关键截面纵桥向地震反应。

桥墩纵桥向关键截面内力表　　表 5.4-1

墩号	截面位置	轴力(kN)	剪力(kN)	弯矩(kN·m)
29 号	墩底	120.83	698.88	12 457.64
30 号	墩底	202.41	1 182.74	18 282.91
31 号	墩底	212.03	4 899.99	87 186.74
32 号	墩底	126.57	660.72	12 751.74

(2) 横桥向

表 5.4-2 为 E1 地震横桥向输入下,采用非线性时程方法计算出的各桥墩关键截面横桥向地震反应。

桥墩横桥向关键截面内力表　　表 5.4-2

墩号	截面位置	轴力(kN)	剪力(kN)	弯矩(kN·m)
29 号	墩底	231.50	9 68.56	14 623.23
30 号	墩底	361.72	4 136.21	89 322.89

续上表

墩号	截面位置	轴力(kN)	剪力(kN)	弯矩(kN·m)
31号	墩底	361.53	4 007.36	86 439.76
32号	墩底	279.60	1 019.90	25 005.34

5.4.2 抗震验算

根据《规范》7.2.1条要求,采用A类抗震设计方法设计的桥梁,顺桥向和横桥向E1地震作用效应按照5.5.2条组合后,应按照现行行业标准《公路钢筋混凝土及预应力混凝土桥涵设计规范》(JTG D62—2004)对桥墩强度进行验算。

在进行E1地震作用下抗震验算时,本桥的荷载组合主要是恒载与地震作用的组合。由于桥梁墩柱为偏心受压构件,其恒载与地震作用的最不利组合为:①轴力为恒载轴力减地震轴力;②弯矩为恒载弯矩与地震弯矩之和。

(1)恒载内力以及最不利荷载组合

计算出各墩的恒载内力以及恒载与地震内力最不利组合如表5.4-3、表5.4-4所示。

纵桥向各桥墩关键截面最不利内力组合表　　表5.4-3

墩号	截面位置	轴力(kN)			弯矩(kN·m)		
		恒载轴力	地震轴力	最不利轴力	恒载弯矩	地震弯矩	最不利弯矩
29号	墩底	15 950.61	120.83	15 829.78	2 899.02	12 57.64	15 356.66
30号	墩底	55 681.50	202.41	55 479.09	0	18 282.91	18 282.91
31号	墩底	55 918.60	212.03	55 706.57	0	87 186.74	87 186.74
32号	墩底	17 355.00	126.57	17 228.43	3 936.49	12 751.74	16 688.23

横桥向各桥墩关键截面最不利内力组合表　　表5.4-4

墩号	截面位置	轴力(kN)			弯矩(kN·m)		
		恒载轴力	地震轴力	最不利轴力	恒载弯矩	地震弯矩	最不利弯矩
29号	墩底	15 950.61	231.50	15 719.11	370.48	14 623.23	14 993.71
30号	墩底	55 681.50	361.72	55 319.78	2 890.10	89 322.89	92 212.99
31号	墩底	55 918.60	361.53	55 557.07	2 799.64	86 439.76	89 239.40
32号	墩底	17 355.00	279.60	17 075.40	117.79	25 005.34	25 123.13

(2)墩柱抗弯承载能力

按《公路钢筋混凝土及预应力混凝土桥涵设计规范》(JTG D62—2004)中偏心受压构件承载能力计算公式,计算出的各墩柱抗弯承载能力见表5.4-5、表5.4-6。

纵桥向各桥墩关键截面抗弯承载力验算表　　　　表5.4-5

墩号	截面位置	最不利轴力（kN）	最不利弯矩（kN·m）	抗弯承载力（kN·m）	验算结果	配筋率
29号	墩底	15 830	15 357	46 020	通过	1.04%
30号	墩底	55 479	18 283	131 600	通过	1.04%
31号	墩底	55 707	87 187	131 600	通过	1.04%
32号	墩底	17 228	16 688	47 010	通过	1.04%

（3）验算

由表5.4-5、表5.4-6可以看出，各墩柱关键截面抗弯承载力均满足规范要求。

横桥向各桥墩关键截面抗弯承载力验算表　　　　表5.4-6

墩号	截面位置	最不利轴力（kN）	最不利弯矩（kN·m）	抗弯承载力（kN·m）	验算结果	配筋率
29号	墩底	15 719	14 994	117 200	通过	1.04%
30号	墩底	55 320	92 213	223 100	通过	1.04%
31号	墩底	55 557	89 239	223 100	通过	1.04%
32号	墩底	17 075	25 123	119 500	通过	1.04%

5.5　E2地震作用下延性构件地震位移反应与抗震验算

本算例桥墩为延性构件，按《规范》，E2地震作用下需进行延性构件变形验算。

5.5.1　延性构件地震反应

E2地震作用下，基于建立的延性构件采用有效截面特性的空间动力计算模型，对桥梁结构进行非线性时程分析。在进行非线性时程分析时，输入3条地震波进行计算，取3条地震波计算结果的最大值进行验算。

（1）纵桥向地震反应

E2地震作用下，墩柱采用有效截面特性，利用非线性时程方法计算出各桥墩纵桥向位移如表5.5-1所示。

E2地震作用下桥墩顶纵向位移　　　　表5.5-1

墩号	墩顶位移(m)	墩号	墩顶位移(m)
29号	0.107	31号	0.165
30号	0.045	32号	0.135

(2)横桥向地震反应

E2 地震作用下,墩柱采用有效截面特性,利用非线性时程方法计算出各桥墩横桥向位移如表 5.5-2 所示。

E2 地震作用下桥墩墩顶横向位移　　　　　　表 5.5-2

墩　号	墩顶位移(m)	墩　号	墩顶位移(m)
29 号	0.079	31 号	0.071
30 号	0.074	32 号	0.035

5.5.2　E2 地震作用下延性构件抗震验算

桥墩为延性构件,根据《规范》7.3 节规定,在 E2 阶段需要验算桥墩的位移能力。

(1)纵桥向

纵桥向受力最不利桥墩为固定墩(31 号墩),因此仅需对 31 号墩的延性能力进行验算。根据《规范》7.3.5 条和 7.3.6 条的规定计算墩柱的纵桥向位移能力。

本算例桥墩采用的纵筋和箍筋均为 HRB335 普通钢筋,混凝土强度等级为 C40。由《规范》附录 B 给出的公式可以计算 31 号墩底矩形截面的屈服曲率 ϕ_y 和极限曲率 ϕ_u。

$$\phi_y = \frac{1.957\varepsilon_y}{b} = \frac{1.957 \times 335\,000/(2.0 \times 10^8)}{3} = 1.09 \times 10^{-3}(\mathrm{m}^{-1})$$

$$\phi_u = \min\begin{cases} [(4.999 \times 10^{-3} + 11.825 \times \varepsilon_{cu}) - (7.004 \times 10^{-3} + 44.486 \times \varepsilon_{cu}) \times (\frac{P}{f_{ck}A_g})]/b \\ = 3.06 \times 10^{-2}(\mathrm{m}^{-1}) \\ [(5.387 \times 10^{-4} + 1.097 \times \varepsilon_s) + (37.722 \times \varepsilon_s^2 + 0.039\varepsilon_s + 0.015) \times (\frac{P}{f_{ck}A_g})]/b \\ = 4.67 \times 10^{-2}(\mathrm{m}^{-1}) \end{cases}$$

$$\varepsilon_{cu} = 0.004 + \frac{1.4\rho_s f_{kh} \varepsilon_{su}^R}{f_{c,ck}} = 0.004 + \frac{1.4 \times 0.008 \times 335\,000 \times 0.09}{1.25 \times 26\,800}$$
$$= 1.41 \times 10^{-2}$$

式中:ε_y——相应于钢筋屈服时的应变,纵筋的抗压强度标准值为 335 000kPa,弹性模量为 2.0×10^8 kPa;

b——矩形截面计算方向的截面高度,这里为 3m;

P——墩底截面所受到的轴力,根据表 5.4-3,这里 31 号墩墩柱轴力取值为 55 706kN;

f_{ck}——混凝土抗压强度标准值,这里 C40 混凝土取值为 26 800kPa;

A_g——混凝土截面面积;

ε_s——钢筋极限拉应变,可取 0.09;

ε_{cu}——约束混凝土的极限压应变;

ρ_s——约束钢筋的体积配箍率,这里取为 0.008;

f_{kh}——箍筋抗拉强度标准值,HRB335 箍筋取值为 335 000kPa;

$f_{c,ck}$——约束混凝土的峰值压力,一般可取 1.25 倍的混凝土抗压强度标准值;

ε_{su}^R——约束钢筋的折减极限应变,一般取值为 0.09。

等效塑性铰长度 L_p 可以根据《规范》中式(7.3.5-2)计算如下:

$$L_p = 0.08H + 0.022f_y d_{bl}$$
$$= 0.08 \times 1786.3 + 0.022 \times 335 \times 3.2$$
$$= 166.49(\text{cm}) = 1.6649\text{m} \geqslant 0.044 f_y d_{bl}$$

其中:H——悬臂墩的高度或塑性铰截面到反弯点的距离,对于 P1 排架墩来说,H 取为 1 786.3cm;

f_y——纵向钢筋的抗拉强度标准值,这里取值为 335MPa;

d_{bl}——纵向主筋的直径,这里取值为 3.2cm。

塑性铰区的最大容许转角 θ_u 计算如下:

$$\theta_u = L_p \frac{\phi_u - \phi_y}{K} = 1.6649 \times \frac{3.06 \times 10^{-2} - 1.09 \times 10^{-3}}{2}$$
$$= 2.46 \times 10^{-2}$$

其中:K——延性安全系数,取 2.0。

因此,31 号墩的墩顶容许位移 Δ_u 计算如下:

$$\Delta_u = \frac{1}{3}H^2 \times \phi_y + \left(H - \frac{L_p}{2}\right) \times \theta_u$$
$$= \frac{1}{3} \times 17.863^2 \times 1.09 \times 10^{-3} + \left(17.863 - \frac{1.6649}{2}\right) \times 2.46 \times 10^{-2}$$
$$= 0.535(\text{m})$$

因此 31 号墩墩顶容许位移如表 5.5-3 所示。

纵桥向 E2 地震作用下 31 号墩墩顶容许位移　　　表 5.5-3

墩号	$\phi_y(\text{m}^{-1})$	$\phi_u(\text{m}^{-1})$	$L_p(\text{m})$	$\theta_u(\text{rad})$	$\Delta_u(\text{m})$
31 号	1.09×10^{-3}	3.06×10^{-2}	1.664 9	2.46×10^{-2}	0.535

由表 5.5-1 和表 5.5-3 可以看出,E2 地震作用下 31 号墩的纵向位移能力满足要求。

(2)横桥向

横桥向受力最不利桥墩为 30 号、31 号桥墩,因此仅需对 30 号、31 号墩的延性能力进行验算。同理,可以计算得到 30 号、31 号墩墩顶容许位移如表 5.5-4 所示。

横桥向 E2 地震作用下 30 号、31 号墩墩顶容许位移　　　　表 5.5-4

墩号	$\phi_y(m^{-1})$	$\phi_u(m^{-1})$	$L_p(m)$	$\theta_u(rad)$	$\Delta_u(m)$
30 号	6.40×10^{-4}	9.96×10^{-3}	1.549	7.22×10^{-3}	0.175
31 号	6.40×10^{-4}	1.00×10^{-2}	1.640	7.68×10^{-3}	0.199

根据表 5.5-2 和表 5.5-4 可以看出,在 E2 地震作用下 30 号、31 号桥墩横桥向的位移能力满足要求。

5.6　能力保护构件计算与验算

根据《规范》,本算例的桥梁支座、盖梁、墩柱的抗剪和桩基础均为能力保护构件,需要按能力保护设计方法进行设计。

5.6.1　墩柱超强弯矩计算

能力保护构件计算和验算的前提是要计算各塑性铰区域超强弯矩,各桥墩的计算结果见表 5.6-1 和表 5.6-2,计算超强弯矩时材料强度采用标准值。

(1)纵桥向

根据《公路钢筋混凝土及预应力混凝土桥涵设计规范》(JTG D62—2004)计算各个墩柱墩底截面恒载作用下的抗弯承载力,考虑超强系数 1.2,可以得到纵桥向墩柱塑性铰区域截面的超强弯矩 M_{y0}。

$$M_{y0} = f^0 M_u$$

由上式计算出的 31 号墩超强弯矩如表 5.6-1 所示。

纵桥向各个墩墩底塑性铰截面超强弯矩表　　　　表 5.6-1

墩号	抗弯承载力(kN·m)	超强弯矩(kN·m)	实际弯矩(kN·m)
31 号	143 500	172 200	—

(2)横桥向

采用与纵桥向相同的方法,可以计算出 30 号和 31 号墩横桥向超强弯矩如表 5.6-2 所示。

横桥向 30 号墩和 31 号墩墩底塑性铰截面超强弯矩表　　表 5.6-2

墩号	抗弯承载力(kN·m)	超强弯矩(kN·m)	实际弯矩(kN·m)
30 号	243 500	292 200	—
31 号	242 600	291 120	—

5.6.2　支座

支座应按照能力保护构件设计,根据《规范》7.4.6 条的规定,球型活动支座需要进行支座滑动水平位移的验算,球型固定支座需要进行支座水平力的验算。本节仅考虑地震作用的影响,验算支座抗震性能,实际支座选型还应考虑与永久作用、温度作用等进行组合。

以 30 号墩为例,给出支座验算过程。

(1)纵桥向验算

30 号墩纵桥向为活动方向,E2 地震作用下 30 号墩活动支座位移反应为 12.36cm,而 30 号墩支座纵桥向容许滑动水平位移:

$$X_{max} = 15\text{cm}$$

因此有:

$$X_B = 12.36\text{cm} < X_{max} = 15\text{cm}$$

30 号墩上支座纵桥向水平位移满足要求。

(2)横桥向验算

30 号墩横桥向为固定方向,单个支座横桥向容许水平力:

$$E_{max} = 0.15 \times E_D = 0.15 \times 60\,000 = 9\,000(\text{kN})$$

式中,E_D 为支座竖向承载力。

按能力保护原则计算出的 30 号固定方向水平力:

$$E_{hzh} = 17\,074/2 = 8\,537(\text{kN}) < E_{max} = 9\,000\text{kN}$$

30 号墩上支座横桥向水平力满足要求。

表 5.6-3、表 5.6-4 列出了计算联所有支座的验算结果。

各墩上球型支座纵向性能验算表　　表 5.6-3

墩号	E2 地震作用下支座位移(cm)	支座容许位移(cm)	按能力保护计算出的支座设计力(kN)	支座容许承载能力(kN)	位移验算	水平力验算
29 号	6.88	15.00	—	—	通过	—
30 号	12.36	15.00	—	—	通过	—

续上表

墩号	E2 地震作用下支座位移（cm）	支座容许位移（cm）	按能力保护计算出的支座设计力（kN）	支座容许承载能力（kN）	位移验算	水平力验算
31 号	—	—	15 623	18 000	—	通过
32 号	5.36	15.00	—	—	通过	—

各墩上球型支座横向性能验算表　　　　　　　　　　表 5.6-4

墩号	E2 地震作用下支座位移（cm）	支座容许位移（cm）	按能力保护计算出的支座设计力（kN）	支座容许承载能力（kN）	位移验算	水平力验算
29 号	8.77	4.00	—	—	不通过	—
30 号	—	—	17 074	18 000	—	通过
31 号	—	—	16 922	18 000	—	通过
32 号	11.50	4.00	—	—	不通过	—

球型支座位移和水平力验算结果见表 5.6-3、表 5.6-4，对于不满足抗震要求的位置，需要增加支座的位移量保证支座在地震作用下的工作性能。

5.6.3　基础

根据《规范》7.4.3 条规定，对于低桩承台基础，弯矩、剪力和轴力的设计值应根据墩柱可能出现塑性铰处截面超强弯矩及其对应剪力、墩柱恒载轴力，并考虑承台的贡献来计算。下面以 31 号墩为例，介绍其最不利单桩内力的计算和验算过程，其余各墩的结果如表 5.6-5 和表 5.6-6 所示。

如图 5.6-1 所示，在进行桩基础内力计算时，作用于承台底的内力包含：①根据能力保护原则计算出作用于承台顶的内力；②承台自身水平地震惯性力；③恒载自身的作用力。

根据《规范》6.6.9 条规定，根据能力保护原则计算出作用于承台顶的内力，其计算公式如下所示。

$$M = \sum M_{y0}$$
$$V = \frac{\sum M_{y0}}{H}$$

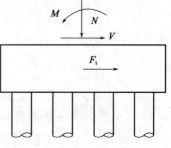

图 5.6-1　作用于承台底的内力示意图

式中：M——作用与承台顶的弯矩，即墩底塑性铰区域的超强弯矩之和；

$\sum M_{y0}$——所有塑性铰区域的超强弯矩之和。对于纵桥向即所有墩底截面塑性铰区域的超强弯矩之和；对于横桥向为所有墩底墩顶截面塑性铰区域的超强弯矩之和；

H——墩柱的计算高度，对于纵桥向，应取墩底至支座顶的距离；横桥向取墩柱的净高度；

V——作用于承台顶的剪力。

(1) 纵桥向单桩最不利内力计算

由表 5.6-1，根据能力保护原则计算出作用于 31 号墩承台顶的内力为：

$$M = \sum M_{y0} = 172\,200 \times 2 = 344\,400\,(\text{kN} \cdot \text{m})$$

$$V = \frac{\sum M_{y0}}{H} = \frac{344\,400}{16.728 + 1.5 + 0.25} = 17\,560\,(\text{kN})$$

承台自身的水平地震惯性力为：

$$F_t = m_t A = 3\,526.144 \times 3.38 = 11\,918\,(\text{kN})$$

作用于承台底的恒载作用力为：

$$N = 55\,919 \times 2 + 35\,261.44 = 147\,099\,(\text{kN})$$

因此，承台底的组合轴力、剪力和弯矩分别为：

$$N = 147\,099\,\text{kN}$$

$$V = 11\,918 + 17\,560 = 29\,478\,(\text{kN})$$

$$M = 11\,918 \times 1.65 + 344\,400 + 17\,560 \times 3.3 = 422\,013\,(\text{kN} \cdot \text{m})$$

按照《公路桥涵地基与基础设计规范》(JTG D63—2007) 可以计算得到 31 号墩纵桥向单桩最不利内力值为：

$$N_{\max} = 6\,358\,\text{kN}$$

$$N_{\min} = -474\,\text{kN}$$

$$V = 590\,\text{kN}$$

$$M = 1\,355\,\text{kN} \cdot \text{m}$$

(2) 横桥向单桩最不利内力计算

由表 5.6-2，根据能力保护原则计算出作用于 31 号墩承台顶的内力为：

$$M = \sum M_{y0} = 291\,120 \times 2 = 582\,240\,(\text{kN} \cdot \text{m})$$

$$V = \frac{\sum M_{y0}}{H} = \frac{582\ 240}{17.863 + 1.5 + 0.25} = 29\ 686(\text{kN})$$

承台自身的水平地震惯性力：
$$F_t = m_t A = 3\ 526.144 \times 3.13 = 11\ 037(\text{kN})$$

作用于承台底的恒载作用力为：
$$N = 147\ 099\text{kN}$$

因此，承台底的组合轴力、剪力和弯矩分别为：

$N = 147\ 099\text{kN}$

$V = 29\ 686 + 11\ 037 = 40\ 723(\text{kN})$

$M = 11\ 037 \times 1.65 + 582\ 240 + 29\ 686 \times 3.3 = 698\ 415(\text{kN} \cdot \text{m})$

按照《公路桥涵地基与基础设计规范》（JTG D63—2007）可以计算得到31号墩横桥向单桩最不利内力值为：

$N_{\max} = 5\ 754\text{kN}$

$N_{\min} = 130\text{kN}$

$V = 815\text{kN}$

$M = 2\ 015\text{kN} \cdot \text{m}$

(3) 最不利单桩抗弯承载力验算

根据《公路钢筋混凝土及预应力混凝土桥涵设计规范》（JTG D62—2004）的相关规定，考虑最不利组合，即在单桩轴力最小时，根据实际的桩基础截面配筋，计算桩身的抗弯承载力，从而验算最不利单桩抗弯强度，验算结果见表5.6-5。

各个墩单桩最不利截面抗弯能力验算表　　　　表5.6-5

地震动输入	墩号	最小轴力（kN）	剪力需求（kN）	弯矩需求（kN·m）	抗弯承载力（kN·m）	验算结果
纵桥向	31号	−474	590	1 355	2 589	通过
横桥向	29号	−3 604	689	694	1 316	通过
	30号	−22	981	2 439	2 745	通过
	31号	130	968	2 015	2 801	通过
	32号	−522	573	1 451	2 565	通过

(4) 最不利单桩竖向承载力验算

根据最大单桩轴力来验算单桩竖向承载力，单桩竖向承载力可以根据《公路桥涵地基与基础设计规范》（JTG D63—2007）的相关规定计算，这里作为已知条件直接给出，而且《城市桥梁抗震设计规范》（CJJ 166—2011）4.4.1条规定，

E2 地震作用下,在非液化土中,单桩的抗压承载力可以提高至原来的 2 倍,验算结果如表 5.6-6 所示。

各个墩单桩最不利截面竖向承载能力验算表　　　　表 5.6-6

地震动输入	墩号	最大轴力(kN)	单桩竖向承载力(kN)	验算结果
纵桥向	31 号	6 358	69 140	通过
横桥向	29 号	11 650	69 140	通过
	30 号	5 754	69 140	通过
	31 号	5 754	69 140	通过
	32 号	4 548	69 140	通过

注:表中的单桩竖向承载力为考虑提高系数后的值。

5.6.4　桥墩抗剪

根据《规范》7.4.2 条的规定,需要对墩柱塑性铰区域的斜截面抗剪强度进行验算,保证墩柱作为能力保护构件不发生剪切破坏。下面以 31 号墩为例,对其斜截面抗剪能力进行验算,过程如下,各墩的斜截面抗剪能力验算结果见表 5.6-7 和表 5.6-8。由表 5.6-7、表 5.6-8 可知,桥墩抗剪强度均满足要求。

各墩柱纵桥向斜截面抗剪强度验算表　　　　表 5.6-7

墩号	剪力设计值(kN)	抗剪强度(kN)	验算结果
29 号	2 251	20 533	通过
30 号	9 319	40 203	通过
31 号	8 780	40 203	通过
32 号	2 047	20 607	通过

各墩柱横桥向斜截面抗剪强度验算表　　　　表 5.6-8

墩号	剪力设计值(kN)	抗剪强度(kN)	验算结果
29 号	3 477	36 032	通过
30 号	15 813	56 932	通过
31 号	14 843	56 932	通过
32 号	4 439	36 106	通过

(1)纵桥向

根据表 5.6-1,得到 31 号墩墩底塑性铰区域截面的超强弯矩和剪力设计值分别为:

$$M_{y0} = 172\,200 \text{kN} \cdot \text{m}$$

$$V = \frac{M_{y0}}{H} = \frac{172\,200}{17.863 + 1.5 + 0.25} = 8\,780(\text{kN})$$

墩柱塑性铰区域沿纵桥向斜截面抗剪能力应按照下列公式计算:

$$\rho_s = \frac{2A_{av}}{bs} = \frac{2 \times 2 \times \pi \times 1.8^2}{520 \times 10} = 0.007\,8$$

$$\mu_\Delta = \frac{16.5}{1786.3^2 \times 1.08 \times 10^{-5}/3} = 1.44$$

$$\lambda = \frac{\rho_s f_{yh}}{10} + 0.38 - 0.1\mu_\Delta = \frac{0.007\,8 \times 280}{10} + 0.38 - 0.1 \times 1.44$$

$$= 0.454 > 0.3,\text{取}\ \lambda = 0.3$$

$$v_c = \lambda\left(1 + \frac{P}{1.38A_g}\right)\sqrt{f_{cd}} = 0.3 \times \left(1 + \frac{55\,919}{1.38 \times 165\,000}\right) \times \sqrt{19.1}$$

$$= 1.63(\text{MPa}) > \min\{0.355\sqrt{f_{cd}},\ 1.47\lambda\sqrt{f_{cd}}\} = 1.55\text{MPa},\text{取}\ v_c = 1.55\text{MPa}$$

$$V_u = \phi\left(0.1v_c A_e + 0.1 \times \frac{\pi}{2} \frac{A_v f_{yh} h_0}{s}\right)$$

$$= 0.85 \times \left(0.1 \times 1.55 \times 0.8 \times 165\,000 + 0.1 \times \frac{\pi}{2} \times \frac{20.35 \times 280 \times 300}{10}\right)$$

$$= 40\,203(\text{kN}) > 8\,780\text{kN}$$

由此可见,31号墩的纵桥向抗剪强度满足要求。

(2) 横桥向

根据表5.6-2,得到31号墩墩底塑性铰区域截面的超强弯矩和剪力设计值分别为:

$$M_{y0} = 291\,120\text{kN} \cdot \text{m}$$

$$V_{c0} = \frac{M_{y0}}{H} = \frac{291\,120}{17.863 + 1.5 + 0.25} = 14\,843(\text{kN})$$

受压侧斜截面抗剪强度验算:

$$\rho_s = \frac{2A_{av}}{bs} = \frac{2 \times 2 \times \pi \times 1.8^2}{300 \times 10} = 0.013\,6 \geqslant \frac{2.4}{300} = 0.008,\text{取}\ \rho_s = 0.008$$

$$\mu_\Delta = \frac{7.1}{1\,786.3^2 \times 6.4 \times 10^{-6}/3} = 1.04$$

$$\lambda = \frac{\rho_s f_{yh}}{10} + 0.38 - 0.1\mu_\Delta = \frac{0.008 \times 280}{10} + 0.38 - 0.1 \times 1.04$$

$$= 0.5 > 0.3,\text{取}\ \lambda = 0.3$$

$$v_c = \lambda\left(1 + \frac{P}{1.38A_g}\right)\sqrt{f_{cd}} = 0.3 \times \left(1 + \frac{55\,919}{1.38 \times 165\,000}\right) \times \sqrt{19.1}$$

$$= 1.63(\text{MPa}) > \min\{0.355\sqrt{f_{cd}},\ 1.47\lambda\sqrt{f_{cd}}\} = 1.55\text{MPa}, 取 v_c = 1.55\text{MPa}$$

$$V_u = \phi\left(0.1v_c A_e + 0.1 \times \frac{\pi}{2}\frac{A_v f_{yh} h_0}{s}\right)$$

$$= 0.85 \times \left(0.1 \times 1.55 \times 0.8 \times 165\,000 + 0.1 \times \frac{\pi}{2} \times \frac{20.35 \times 280 \times 520}{10}\right)$$

$$= 56\,932(\text{kN}) > 14\,843\text{kN}$$

由此可见,31号墩横桥向抗剪强度满足要求。

第6章 减隔震桥梁设计算例

6.1 概述

根据《城市桥梁抗震设计规范》(CJJ 166—2011)3.4节的规定,桥梁的抗震体系一般可以分为两大类,其中类型Ⅱ就是所谓的减隔震桥梁体系,即在地震作用下,桥梁的耗能部位位于桥梁上下部连接处(支座、耗能装置)。在桥梁抗震设计中,引入减隔震技术的目的就是利用减隔震装置在满足正常使用功能要求的前提下,延长结构周期、消耗地震能量,降低结构的响应。本章以一座采用减隔震装置的连续梁桥为计算模型,根据《规范》的相关规定,对该桥梁分别采用单振型反应谱法和非线性时程法进行地震反应分析,并对桥梁的抗震性能进行验算。

6.2 工程概况与地震动输入

6.2.1 工程概况

本文选取8度区某三柱墩连续梁桥(4×25m)作为研究对象,桥梁立面布置见图6.2-1,横断面见图6.2-2,基础布置形式见图6.2-3。

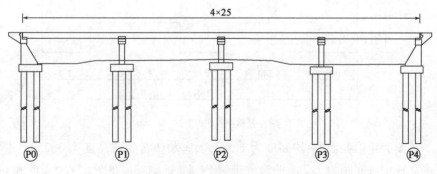

图6.2-1 桥梁立面图(尺寸单位:m)

三个排架墩墩顶均采用减隔震支座,每个排架墩设置7个Y4Q670×232G1.0型铅芯隔震橡胶支座,两边桥台上采用$GYZF_4 250 \times 54$型四氟滑板式橡胶支座,桥墩和桥台处横向均设置挡块,但在地震作用下,不考虑挡块对减隔震体系横向地震反应的影响。

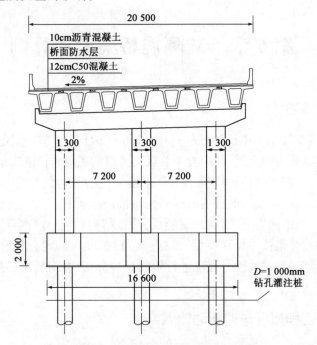

图 6.2-2 桥梁横断面图(尺寸单位:mm)

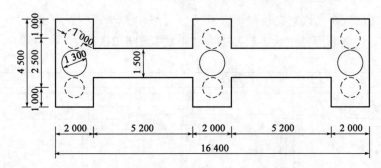

图 6.2-3 基础布置图(尺寸单位:mm)

盖梁为矩形截面,平均高度为 1.5m,支座和垫石的总高度为 0.25m。横向三个立柱中心间距为 7.2m,两边墩排架 P1、P3 的墩柱高度分别为 5.5m 和 6m,中墩排架的墩柱高度为 5m,墩柱的截面尺寸为 $D=1.3$m,配筋率为 1.7%,桩基采用 6 根 ϕ1 000mm 钻孔灌注桩,平均桩长为 35m,摩擦型桩,单桩配筋率为 1.5%,单桩的容许承载力为 4 200kN;轻型桥台的台身高度为 8.6m,台背后填土

的平均重度为 $18.5 \mathrm{kN/m^3}$,内摩擦角为 $20°$;桥台处桩基采用 6 根 $\phi 1\,200\mathrm{mm}$ 钻孔灌注桩,平均桩长为 $35\mathrm{m}$,摩擦桩形式,配筋率为 1.5%,单桩的容许承载力为 $5\,000\mathrm{kN}$。墩柱与桥墩处桩基配筋见图 6.2-4。

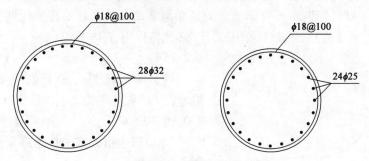

图 6.2-4 墩柱配筋与基础配筋(尺寸单位:mm)

上部结构、墩柱、基础分别采用 C50、C40、C30 混凝土。上部结构总质量为 $3466.5\mathrm{t}$(包括二期恒载),每片盖梁质量为 $125.5\mathrm{t}$,墩柱的线质量为 $3.45\mathrm{t/m}$,单个桥台的质量为 $654\mathrm{t}$,排架墩处承台的质量为 $221.5\mathrm{t}$。

6.2.2 地震动输入

根据《规范》3.1.1 条规定,该桥是位于交通枢纽位置上的桥梁,按城市桥梁抗震设防分类为乙类。根据《规范》3.3.3 条规定,乙类桥梁在 8 度区应采用 A 类抗震设计方法,采用的抗震体系符合《规范》3.4.2 条类型 Ⅱ。

根据《规范》9.1.2 条的规定,该桥梁作为减隔震体系,可只进行 E2 地震作用下的抗震设计和验算。根据现行的《中国地震动参数区划图》,桥梁所处地区的设计基本加速度峰值为 $0.20g$,地震分区为 1 区,该场地类别为 Ⅱ 类场地,设计加速度反应谱特征周期为 $0.35\mathrm{s}$,在计算 8 度区 E2 地震作用时,特征周期宜增加 $0.05\mathrm{s}$。根据《规范》3.2.2 条规定,乙类桥梁 E2 的水平向地震峰值加速度 A 应考虑地震调整系数 $C_i = 2.0$。

根据《规范》5.2.1 条规定,5% 阻尼比的水平设计加速度反应谱为:

$$S = \begin{cases} 0.45 S_{\max} & (T = 0\mathrm{s}) \\ \eta_2 S_{\max} & (0.1\mathrm{s} < T \leq T_g) \\ \eta_2 S_{\max} \left(\dfrac{T_g}{T}\right)^\gamma & (T_g < T \leq 5 T_g) \\ [\eta_2 0.2^\gamma - \eta_1 (T - 5 T_g)] S_{\max} & (5 T_g < T \leq 6\mathrm{s}) \end{cases} \quad (6.2\text{-}1)$$

式中:γ——自特征周期至 5 倍特征周期区段曲线衰减指数,阻尼比为 0.05 时取 0.9;

η_1——自 5 倍特征周期至 6s 区段直线下降段下降斜率调整系数,阻尼比为 0.05 时取 0.02;

η_2——结构的阻尼调整系数,阻尼比为 0.05 时取 1.0;

T_g——特征周期(s),根据场地类别和地震动参数区划的特征周期分区按《规范》表 5.2.1 采用,对于 E2 地震作用,$T_g=0.40s$。

$$S_{max} = 2.25A \qquad (6.2-2)$$

对于 E2 地震作用,按《规范》中表 3.2.2 取地震调整系数 C_i 为 2.0,于是 $A=0.20g \times 2.0=0.40g$。

E2 地震作用的水平加速度反应谱见图 6.2-5。

根据《规范》6.4.1 条和 6.4.2 条的规定,给出与图 6.2-5 所示水平加速度反应谱相匹配的地震加速度时程曲线,共计三条,在 E2 地震下进行减隔震桥梁的非线性时程分析时,分析结果选取三条地震加速度时程结果的最大值。选取的加速度时程曲线及其对应的反应谱与规范反应谱的拟合情况见图 6.2-6。

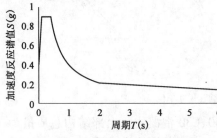

图 6.2-5　E2 地震水平加速度反应谱

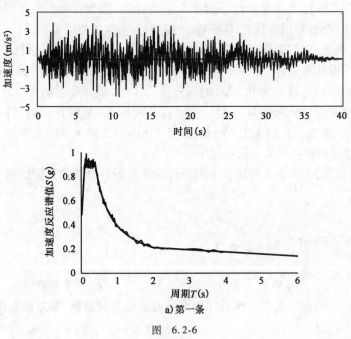

a) 第一条

图　6.2-6

第6章 减隔震桥梁设计算例

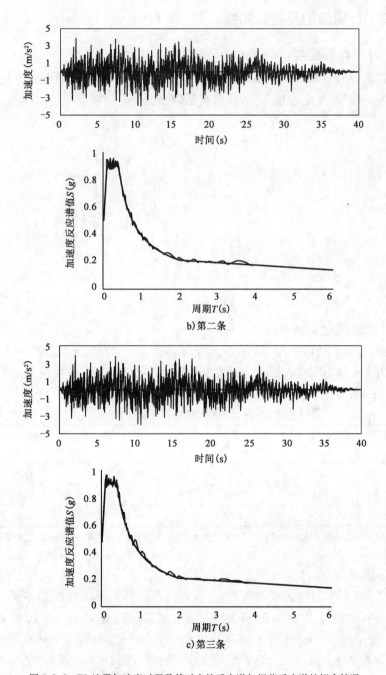

图 6.2-6 E2 地震加速度时程及其对应的反应谱与规范反应谱的拟合情况

6.3 计算模型及换算质量

6.3.1 计算模型

首先按《规范》6.5.4条和6.5.5条的要求建立计算模型,如图6.3-1所示,模型中上部结构、支座连接条件、桥墩及基础刚度等模拟如下。

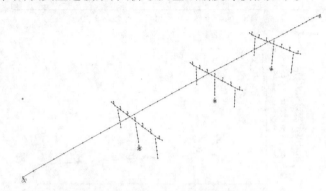

图6.3-1 有限元计算模型

(1)主梁、盖梁和桥墩模拟

主梁、盖梁和桥墩采用空间单元梁单元模拟。主梁混凝土强度等级C50,弹性模量为3.45×10^4MPa,桥墩、盖梁混凝土强度等级为C40,弹性模量为3.25×10^4MPa,主梁、盖梁和桥墩的毛截面特性如表6.3-1所示。

主梁、盖梁和桥墩的毛截面特性表　　　表6.3-1

截面类型	面积(m^2)	抗扭惯性矩(m^4)	绕2轴抗弯惯性矩(m^4)	绕3轴抗弯惯性矩(m^4)
主梁	7.86	2.51	270.25	1.98
盖梁	2.55	0.90	0.61	0.48
桥墩	1.33	0.28	0.14	0.14

注:2轴、3轴方向对于主梁和盖梁截面分别代表竖向、横桥向,对于桥墩截面分别代表顺桥向、横桥向。

(2)支座连接条件模拟

P0和P4桥台设置四氟滑板支座,假定桥台纵桥向和横桥向均不承受梁体传递的水平地震力,P1、P2、P3排架墩上设置铅芯橡胶支座,单个支座型号及参数如表6.3-2所示,全桥的支座布置形式和连接条件见图6.3-2和表6.3-3。

每个排架墩上设置7个铅芯橡胶支座,根据《规范》9.3.4条的规定,铅芯橡胶支座的恢复力模式可采用双线性模式,如图6.3-3所示。

单个铅芯橡胶支座的参数表　　　　　　表6.3-2

支座 型号	支座直径 D(mm)	屈服强度 F_y(kN)	特征强度 Q_d(kN)	设计承载力 N(kN)	初始刚度 K_u(kN/m)	屈后刚度 K_d(kN)	橡胶层厚度 $\sum t$(mm)
Y4Q670×232G1.0	670	162	138	3 200	8 600	1 300	232

图 6.3-2　支座布置形式图

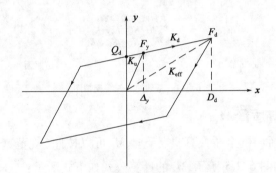

图 6.3-3　铅芯橡胶支座的恢复力模型

支座连接条件表　　　　　　表6.3-3

墩台号	Δ_x	Δ_y	Δ_z	θ_x	θ_y	θ_z
P0	0	0	1	1	0	1
P1	Q	Q	1	1	0	1
P2	Q	Q	1	1	0	1
P3	Q	Q	1	1	0	1
P4	0	0	1	1	0	1

注：1. x,y,z 分别表示顺桥向、横桥向和竖向；

2. 0 表示自由，1 表示固结，Q 表示铅芯橡胶支座约束。

(3) 桩基础刚度模拟

桩基础刚度模拟可用承台底加六个方向的弹簧来表示（图6.3-4）。弹簧刚度根据土层状况和桩的布置形式按 m 法计算，计算出的群桩基础的刚度参数见表6.3-4。

基础刚度参数表   表6.3-4

方向	平动刚度(kN/m)			转动刚度(kN·m/rad)		
	纵向	横向	竖向	绕纵向	绕横向	绕竖向
刚度	6.29×10^5	7.65×10^5	6.41×10^6	2.26×10^8	1.47×10^7	2.39×10^7

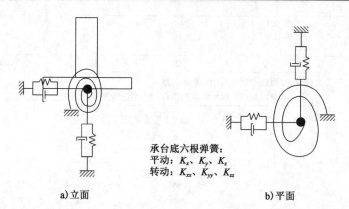

承台底六根弹簧
平动：K_x、K_y、K_z
转动：K_{xx}、K_{yy}、K_{zz}

a)立面　　　　　　　　b)平面

图6.3-4　基础的六弹簧模拟图

6.3.2 换算质量 M_t

纵桥向和横桥向的全桥换算质点质量 M_t 可以按照《规范》6.5.2条规定计算，其计算简图如图6.3-5所示，M_t 的计算公式如下式所示：

$$M_t = M_{sp} + \eta_{cp} M_{cp} + \eta_p M_p$$
$$\eta_{cp} = X_0^2$$
$$\eta_p = 0.16(X_0^2 + X_f^2 + 2X_{f/2}^2 + X_f X_{f/2} + X_0 X_{f/2}) \tag{6.3-1}$$

式中：M_{sp}——桥梁上部结构的质量(t)；

M_{cp}——盖梁的质量(t)；

M_p——墩身质量(t)，对于扩大基础，为基础顶面以上墩身的质量；

η_{cp}——盖梁质量换算系数；

η_p——墩身质量换算系数；

X_0——考虑地基变形时，顺桥向作用于支座顶面或横桥向作用于上部结构质心处的单位水平力在墩身计算高度 H 处引起的水平位移与支座顶面处的水平位移之比；

X_f、$X_{f/2}$——分别为考虑地基变形时，顺桥向作用于支座顶面上或横桥向作用于上部结构质心处的单位水平力在墩身计算高度 $\frac{H}{2}$ 处，一般冲刷线或基础顶面引起的水平位移与支座顶面处的水平位移之比。

(1) 纵桥向换算质量

根据图 6.3-5 所示的换算质量计算模型,在支座顶纵桥向施加单位水平力,计算桥墩各个关键节点的位移,计算结果见表 6.3-5。

纵向单位力作用下各桥墩关键节点位移　　　　　　　表 6.3-5

排架墩	墩底 (m)	墩中点 (m)	墩顶 (m)	单位力作用点 (m)	X_f	$X_{f/2}$	X_0
P1	3.71×10^{-3}	1.01×10^{-2}	1.91×10^{-2}	4.77×10^{-2}	7.78×10^{-2}	2.12×10^{-1}	4.00×10^{-1}
P2	3.62×10^{-3}	9.20×10^{-3}	1.67×10^{-2}	4.49×10^{-2}	8.06×10^{-2}	2.05×10^{-1}	3.72×10^{-1}
P3	3.80×10^{-3}	1.12×10^{-2}	2.18×10^{-2}	5.05×10^{-2}	7.52×10^{-2}	2.22×10^{-1}	4.32×10^{-1}

根据公式(6-3)可以计算出纵桥向的全桥换算质点质量为:

$\eta_{cp}^1 = 0.160 \quad \eta_{cp}^2 = 0.138 \quad \eta_{cp}^3 = 0.187$

$\eta_{p}^1 = 0.057 \quad \eta_{p}^2 = 0.051 \quad \eta_{p}^3 = 0.065$

$\begin{aligned} M_t &= M_{sp} + \eta_{cp} M_{cp} + \eta_p M_p \\ &= 3466.5 + (0.160 + 0.138 + 0.187) \times \\ &\quad 125.5 + (0.057 \times 5.5 \times 3 + 0.051 \times \\ &\quad 5 \times 3 + 0.065 \times 6 \times 3) \times 3.45 \\ &= 3537.3 \text{(t)} \end{aligned}$

(2) 横桥向换算质量

根据图 6.3-5 所示横桥向换算质量计算模型,在主梁质心处横向施加单位力,计算桥墩各个关键节点的位移,计算结果见表 6.3-6。

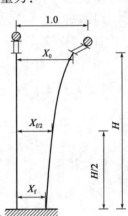

图 6.3-5　柱式墩计算简图

横向单位力作用下桥墩关键节点位移　　　　　　　表 6.3-6

排架墩	墩底 (m)	墩中点 (m)	墩顶 (m)	单位力作用点 (m)	X_f	$X_{f/2}$	X_0
P1	1.42×10^{-3}	2.21×10^{-3}	3.00×10^{-3}	3.16×10^{-2}	4.49×10^{-2}	6.99×10^{-2}	9.49×10^{-2}
P2	1.41×10^{-3}	2.05×10^{-3}	2.69×10^{-3}	3.09×10^{-2}	4.56×10^{-2}	6.63×10^{-2}	8.71×10^{-2}
P3	1.42×10^{-3}	2.39×10^{-3}	3.37×10^{-3}	3.21×10^{-2}	4.42×10^{-2}	7.45×10^{-2}	1.05×10^{-1}

根据公式(6.3-1)可以计算出横桥向的全桥换算质点质量为:

$\eta_{cp}^1 = 0.009 \quad \eta_{cp}^2 = 0.008 \quad \eta_{cp}^3 = 0.011$

$\eta_{p}^1 = 0.005 \quad \eta_{p}^2 = 0.004 \quad \eta_{p}^3 = 0.006$

$$M_t = M_{sp} + \eta_{cp}M_{cp} + \eta_p M_p$$
$$= 3\,466.5 + (0.009 + 0.008 + 0.011) \times 125.5 + (0.005 \times 5.5 \times 3 + 0.004 \times 5 \times 3 + 0.006 \times 6 \times 3) \times 3.45$$
$$= 3\,470.9(t)$$

6.4 基于反应谱方法的地震反应分析

6.4.1 简化计算模型与地震反应分析

根据《规范》9.3.2条的规定,对该减隔震桥梁纵横向地震反应可以采用单振型反应谱法进行抗震分析计算。根据《规范》9.3.5条的规定,基于单振型反应谱方法对该减隔震桥梁进行纵向和横向的地震反应简化计算,假定桥台纵桥向和横桥向均不承受梁体传递的水平地震力,具体计算过程如下所示。

(1)纵桥向

首先假定铅芯橡胶支座的纵桥向设计位移为0.13m,计算铅芯橡胶支座的等效刚度与等效阻尼比(每个排架按照7个支座合计)。

$$K_{eff} = \left(\frac{Q_d}{D_d} + K_d\right) \times 7 = \left(\frac{138}{0.13} + 1\,300\right) \times 7 = 16\,531(kN/m)$$

$$\xi_{eff} = \frac{2Q_d(D_d - \Delta_y)}{\pi D_d^2 K_{eff}} \times 7 = \frac{2 \times 138 \times (0.13 - 0.018\,8)}{\pi \times 0.13^2 \times 16\,531} \times 7 = 0.245$$

三个排架(三立柱)的剪切刚度计算如下所示。

P1: $\quad K_1 = 3 \times \dfrac{3EI}{H_1^3} = \dfrac{3 \times 3 \times 4.56 \times 10^6}{6.25^3} = 1.68 \times 10^5 (kN/m)$

P2: $\quad K_2 = 3 \times \dfrac{3EI}{H_2^3} = \dfrac{3 \times 3 \times 4.56 \times 10^6}{5.75^3} = 2.16 \times 10^5 (kN/m)$

P3: $\quad K_3 = 3 \times \dfrac{3EI}{H_3^3} = \dfrac{3 \times 3 \times 4.56 \times 10^6}{6.75^3} = 1.33 \times 10^5 (kN/m)$

各个排架墩的等效刚度(桥墩与铅芯橡胶支座串联)计算如下。

P1: $\quad K_{eq,1} = \dfrac{K_{eff} \cdot K_1}{K_{eff} + K_1} = \dfrac{16\,531 \times 1.68 \times 10^5}{16\,531 + 1.68 \times 10^5} = 1.50 \times 10^4 (kN/m)$

P2: $\quad K_{eq,2} = \dfrac{K_{eff} \cdot K_2}{K_{eff} + K_2} = \dfrac{16\,531 \times 2.16 \times 10^5}{16\,531 + 2.16 \times 10^5} = 1.54 \times 10^4 (kN/m)$

P3: $\quad K_{eq,3} = \dfrac{K_{eff} \cdot K_3}{K_{eff} + K_3} = \dfrac{16\,531 \times 1.33 \times 10^5}{16\,531 + 1.33 \times 10^5} = 1.47 \times 10^4 (kN/m)$

减隔震桥梁的等效阻尼比计算如下。

$$\xi_{eq} = \frac{\sum k_{eff,i}(D_d)_i^2 \left(\xi_{eff,i} + \dfrac{\xi_{p,i} k_{eff,i}}{k_{p,i}}\right)}{\sum k_{eff,i}(D_d)_i^2 \left(1 + \dfrac{k_{eff,i}}{k_{p,i}}\right)} = 0.227$$

减隔震桥梁的等效周期计算如下

$$T_{eq} = 2\pi\sqrt{\frac{M_t}{\sum K_{eq,i}}} = 2\pi \times \sqrt{\frac{3\,537.3}{(1.50 + 1.54 + 1.47) \times 10^4}} = 1.76(s)$$

不采用减隔震装置(即纵桥向桥墩上采用固定支座)时桥梁的基本周期计算如下。

$$T_1 = 2\pi\sqrt{\frac{M_t}{\sum K_i}} = 2\pi \times \sqrt{\frac{3\,537.3}{(1.68 + 2.16 + 1.33) \times 10^5}} = 0.52(s)$$

根据《规范》9.3.2条的规定,该减隔震桥梁的纵桥向基本周期(隔震周期)为未采用减隔震桥梁基本周期的2.5倍以上,因此可以采用单振型反应谱法对该减隔震桥梁进行纵桥向抗震分析。

确定桥梁反应谱倾斜段斜率及阻尼调整系数如下:

$$\eta_2 = 1 + \frac{0.05 - \xi}{0.06 + 1.7\xi} = 1 + \frac{0.05 - 0.227}{0.06 + 1.7 \times 0.227} = 0.603$$

$$\gamma = 0.9 + \frac{0.05 - \xi}{0.5 + 5\xi} = 0.9 + \frac{0.05 - 0.227}{0.5 + 5 \times 0.227} = 0.792$$

因此得到减隔震桥梁上部结构位移如下:

$$D_d = \frac{T_{eq}^2}{4\pi^2}S = \frac{1.76^2}{4\pi^2} \times 0.603 \times 2.25 \times 2 \times 0.2 \times 10 \times \left(\frac{0.4}{1.76}\right)^{0.792} = 0.132(m)$$

计算得到的上部结构的位移(即铅芯橡胶支座位移)与初始假定的设计位移0.13m相差不大,因此不再需要迭代计算。

因此得到作用在每个排架墩支座顶的水平地震力。

$$F_1 = K_{eq,1}D_d = 1.50 \times 10^4 \times 0.132 = 1\,980(kN)$$
$$F_2 = K_{eq,2}D_d = 1.54 \times 10^4 \times 0.132 = 2\,033(kN)$$
$$F_3 = K_{eq,3}D_d = 1.47 \times 10^4 \times 0.132 = 1\,940(kN)$$

计算得到纵桥向每个排架墩上单个铅芯支座的剪力值如表6.4-1所示。

纵桥向各个排架墩上单个铅芯支座的剪力值　　　　表6.4-1

排架墩号	剪力(kN)	排架墩号	剪力(kN)
P1	283	P3	277
P2	290		

将以上计算得到的纵桥向水平地震力施加到静力计算模型上，计算出各墩的地震内力，如表 6.4-2 所示。

纵桥向各排架墩关键截面地震内力表　　　　表 6.4-2

排架号	截面位置	轴力(kN)	剪力(kN)	弯矩(kN·m)
P1	左墩底	0	662	4 107
P1	中墩底	0	660	4 126
P1	右墩底	0	658	4 141
P2	左墩底	0	680	3 876
P2	中墩底	0	678	3 897
P2	右墩底	0	675	3 915
P3	左墩底	0	648	4 349
P3	中墩底	0	647	4 366
P3	右墩底	0	644	4 379

(2)横桥向

首先假定铅芯橡胶支座的横桥向设计位移为 0.12m，计算铅芯橡胶支座的等效刚度与等效阻尼比(每个排架按照 7 个支座合计)：

$$K_{\text{eff}} = \left(\frac{Q_d}{D_d} + K_d\right) \times 7 = \left(\frac{138}{0.12} + 1\ 300\right) \times 7 = 17\ 150(\text{kN/m})$$

$$\xi_{\text{eff}} = \frac{2Q_d(D_d - \Delta_y)}{\pi D_d^2 K_{\text{eff}}} \times 7 = \frac{2 \times 138 \times (0.12 - 0.018\ 8)}{\pi \times 0.12^2 \times 17\ 150} \times 7 = 0.266$$

三个排架墩(三立柱)的剪切刚度计算如下：

P1：　　$K_1 = 3 \times \dfrac{12EI}{H_1^3} = \dfrac{3 \times 12 \times 4.56 \times 10^6}{5.5^3} = 9.86 \times 10^5 (\text{kN/m})$

P2：　　$K_2 = 3 \times \dfrac{12EI}{H_2^3} = \dfrac{3 \times 12 \times 4.56 \times 10^6}{5^3} = 1.31 \times 10^6 (\text{kN/m})$

P3：　　$K_3 = 3 \times \dfrac{12EI}{H_3^3} = \dfrac{3 \times 3 \times 4.56 \times 10^6}{6^3} = 7.59 \times 10^5 (\text{kN/m})$

各个排架墩的等效刚度(桥墩与铅芯橡胶支座串联)计算如下：

P1：　　$K_{\text{eq},1} = \dfrac{K_{\text{eff}} \cdot K_1}{K_{\text{eff}} + K_1} = \dfrac{17\ 150 \times 9.86 \times 10^5}{17\ 150 + 9.86 \times 10^5} = 1.69 \times 10^4 (\text{kN/m})$

P2：　　$K_{\text{eq},2} = \dfrac{K_{\text{eff}} \cdot K_2}{K_{\text{eff}} + K_2} = \dfrac{17\ 150 \times 1.31 \times 10^6}{17\ 150 + 1.31 \times 10^6} = 1.69 \times 10^4 (\text{kN/m})$

P3: $K_{eq,3} = \dfrac{K_{eff} \cdot K_3}{K_{eff} + K_3} = \dfrac{17\,150 \times 7.59 \times 10^5}{17\,150 + 7.59 \times 10^5} = 1.68 \times 10^4 (\text{kN/m})$

减隔震桥梁的等效阻尼比计算如下：

$$\xi_{eq} = \dfrac{\sum k_{eff,i}(D_d)_i^2 \left(\xi_{eff,i} + \dfrac{\xi_{p,i} k_{eff,i}}{k_{p,i}} \right)}{\sum k_{eff,i}(D_d)_i^2 \left(1 + \dfrac{k_{eff,i}}{k_{p,i}} \right)} = 0.262$$

减隔震桥梁的等效周期计算如下：

$$T_{eq} = 2\pi \sqrt{\dfrac{M_t}{\sum K_{eq,i}}} = 2\pi \times \sqrt{\dfrac{3\,470.9}{(1.69 + 1.69 + 1.68) \times 10^4}} = 1.65(\text{s})$$

不采用减隔震装置（即纵桥向桥墩上采用固定支座）时桥梁的基本周期计算如下：

$$T_1 = 2\pi \sqrt{\dfrac{M_t}{\sum K_i}} = 2\pi \times \sqrt{\dfrac{3\,470.9}{(9.86 + 13.1 + 7.59) \times 10^5}} = 0.21(\text{s})$$

根据《规范》9.3.2 条的规定，该减隔震桥梁的横桥向基本周期（隔震周期）为未采用减隔震桥梁基本周期的 2.5 倍以上，因此可以采用单振型反应谱法对该减隔震桥梁进行横桥向抗震分析。

确定桥梁反应谱倾斜段斜率及阻尼调整系数如下：

$$\eta_2 = 1 + \dfrac{0.05 - \xi}{0.06 + 1.7\xi} = 1 + \dfrac{0.05 - 0.262}{0.06 + 1.7 \times 0.262} = 0.580$$

$$\gamma = 0.9 + \dfrac{0.05 - \xi}{0.5 + 5\xi} = 0.9 + \dfrac{0.05 - 0.262}{0.5 + 5 \times 0.262} = 0.783$$

因此得到桥梁上部结构位移如下：

$$D_d = \dfrac{T_{eq}^2}{4\pi^2} S = \dfrac{1.65^2}{4\pi^2} \times 0.580 \times 2.25 \times 2 \times 0.2 \times 10 \times \left(\dfrac{0.4}{1.65} \right)^{0.783} = 0.119(\text{m})$$

计算得到的上部结构的位移（即铅芯橡胶支座位移）与初始假定的设计位移 0.12m 相差不大，因此不再需要迭代运算。

因此得到作用在每个排架墩支座顶的横桥向水平地震力。

$$F_1 = K_{eq,1} D_d = 1.69 \times 10^4 \times 0.119 = 2\,011(\text{kN})$$
$$F_2 = K_{eq,2} D_d = 1.69 \times 10^4 \times 0.119 = 2\,011(\text{kN})$$
$$F_3 = K_{eq,3} D_d = 1.68 \times 10^4 \times 0.119 = 1\,999(\text{kN})$$

计算得到各排架墩上单个铅芯支座的横桥向剪力值如表 6.4-3 所示。

横桥向各排架墩上单个铅芯支座的剪力值　　　　　　表6.4-3

排架墩号	剪力（kN）	排架墩号	剪力（kN）
P1	287	P3	286
P2	287		

将以上计算得到的纵桥向水平地震力施加到静力计算模型上，计算出各墩的地震内力，如表6.4-4所示。

横桥向各排架墩关键截面地震内力表　　　　　　表6.4-4

排架号	截面位置	轴力(kN)	剪力(kN)	弯矩(kN·m)
P1	左墩底	474	662	1 971
	中墩底	31	772	2 187
	右墩底	443	577	1 806
	左墩顶	438	662	1 563
	中墩顶	30	772	2 062
	右墩顶	409	577	1 459
P2	左墩底	438	661	1 804
	中墩底	30	779	2 013
	右墩底	409	571	1 645
	左墩顶	438	661	1 395
	中墩顶	30	779	1 882
	右墩顶	409	571	1 301
P3	左墩底	506	659	2 124
	中墩底	32	762	2 345
	右墩底	475	579	1 956
	左墩顶	506	659	1 720
	中墩顶	32	762	2 226
	右墩顶	475	579	1 608

6.4.2　抗震验算

根据《规范》9.4.1条和9.4.2条的规定，E2地震作用下，桥梁墩台与基础的验算，应将减隔震装置传递的水平地震力除以1.5的折减系数后，并与恒载内力进行组合，得到各控制截面的最不利内力；对于橡胶型减隔震支座，E2地震作用下产生的剪切应变必须在250%以下，并应校核其稳定性。

第6章 减隔震桥梁设计算例

在进行 E2 地震作用下抗震验算时,本桥的荷载组合主要是恒载与地震荷载的组合。由于桥梁墩柱为偏心受压构件,其恒载与地震作用的最不利组合为:①轴力为恒载轴力减去地震轴力;②弯矩为恒载弯矩与地震弯矩之和。

(1)桥墩抗弯验算

E2 纵向和横向地震作用下,按照截面实配钢筋,根据《公路钢筋混凝土及预应力混凝土桥涵设计规范》(JTG D62—2004)对墩柱控制截面进行正截面抗弯强度检算,其中减隔震装置传递的水平地震力需要除以 1.5 的折减系数。

①恒载内力以及最不利荷载组合

根据表 6.4-2 和表 6.4-4 计算得到地震内力,考虑减隔震装置传递的水平地震力 1.5 的折减系数,然后与恒载内力进行组合,恒载与折减后的地震内力最不利组合如表 6.4-5 和表 6.4-6 所示。

纵桥向各排架墩关键截面最不利内力组合表　　表 6.4-5

排架号	截面位置	恒载轴力（kN）	地震轴力（kN）	最不利轴力（kN）	恒载弯矩（kN·m）	地震弯矩（kN·m）	最不利弯矩（kN·m）
P1	左墩底	3 375	0	3 375	11	2 738	2 749
	中墩底	4 614	0	4 614	11	2 751	2 762
	右墩底	3 375	0	3 375	11	2 761	2 772
P2	左墩底	2 842	0	2 842	0	2 584	2 584
	中墩底	3 979	0	3 979	0	2 598	2 598
	右墩底	2 842	0	2 842	0	2 610	2 610
P3	左墩底	3 421	0	3 421	12	2 899	2 911
	中墩底	4 566	0	4 566	12	2 911	2 923
	右墩底	3 421	0	3 421	12	2 919	2 931

注:表中的地震弯矩值考虑了减隔震装置传递的地震力折减 1.5 倍。

横桥向各排架墩关键截面最不利内力组合表　　表 6.4-6

排架号	截面位置	恒载轴力（kN）	地震轴力（kN）	最不利轴力（kN）	恒载弯矩（kN·m）	地震弯矩（kN·m）	最不利弯矩（kN·m）
P1	左墩底	3 375	474	2 901	6	1 314	1 320
	中墩底	4 614	31	4 583	0	1 458	1 458
	右墩底	3 375	443	2 932	6	1 204	1 210
	左墩顶	3 154	438	2 716	6	1 042	1 048
	中墩顶	4 029	30	3 999	0	1 375	1 375
	右墩顶	3 154	409	2 745	6	973	979

续上表

排架号	截面位置	恒载轴力（kN）	地震轴力（kN）	最不利轴力（kN）	恒载弯矩（kN·m）	地震弯矩（kN·m）	最不利弯矩（kN·m）
P2	左墩底	2 842	438	2 404	6	1 203	1 209
	中墩底	3 979	30	3 949	0	1 342	1 342
	右墩底	2 842	409	2 433	6	1 097	1 103
	左墩顶	2 627	438	2 189	6	930	936
	中墩顶	3 421	30	3 391	0	1 255	1 255
	右墩顶	2 627	409	2 218	6	867	873
P3	左墩底	3 421	506	2 915	5	1 416	1 421
	中墩底	4 566	32	4 534	0	1 563	1 563
	右墩底	3 421	475	2 946	5	1 304	1 309
	左墩顶	3 178	506	2 672	5	1 147	1 152
	中墩顶	3 984	32	3 952	0	1 484	1 484
	右墩顶	3 178	475	2 703	5	1 072	1 077

注：表中的地震弯矩值考虑了减隔震装置传递的地震力折减1.5倍。

②墩柱抗弯承载能力

按《公路钢筋混凝土及预应力混凝土桥涵设计规范》(JTG D62—2004)中偏心受压构件承载能力计算公式,计算出的各墩柱关键截面抗弯承载能力如表6.4-7和表6.4-8所示。

纵桥向地震作用下墩柱抗弯强度检算表　　　表6.4-7

排架号	截面位置	最不利轴力（kN）	最不利弯矩（kN·m）	等效屈服弯矩（kN·m）	验算结果
P1	左墩底	3 375	2 749	5 070	通过
	中墩底	4 614	2 762	5 535	通过
	右墩底	3 375	2 772	5 070	通过
P2	左墩底	2 842	2 584	4 865	通过
	中墩底	3 979	2 598	5 305	通过
	右墩底	2 842	2 610	4 865	通过
P3	左墩底	3 421	2 911	5 090	通过
	中墩底	4 566	2 923	5 517	通过
	右墩底	3 421	2 931	5 090	通过

横桥向地震作用下墩柱抗弯强度检算表　　　　　表6.4-8

排架号	截面位置	最不利轴力 (kN)	最不利弯矩 (kN·m)	等效屈服弯矩 (kN·m)	验算结果
P1	左墩底	2 901	1 320	4 679	通过
	中墩底	4 583	1 458	5 512	通过
	右墩底	2 932	1 210	4 894	通过
	左墩顶	2 716	1 048	4 787	通过
	中墩顶	3 999	1 375	5 300	通过
	右墩顶	2 745	979	4 809	通过
P2	左墩底	2 404	1 209	4 684	通过
	中墩底	3 949	1 342	5 282	通过
	右墩底	2 433	1 103	4 705	通过
	左墩顶	2 189	936	4 598	通过
	中墩顶	3 391	1 255	5 065	通过
	右墩顶	2 218	873	4 622	通过
P3	左墩底	2 915	1 421	4 874	通过
	中墩底	4 534	1 563	5 496	通过
	右墩底	2 946	1 309	4 899	通过
	左墩顶	2 672	1 152	4 784	通过
	中墩顶	3 952	1 484	5 283	通过
	右墩顶	2 703	1 077	4 808	通过

③验算

由表6.4-5和表6.4-6可以看出,在最不利轴力作用下,各墩柱关键截面抗弯承载力均满足规范要求。

(2)桥墩抗剪验算

桥墩的斜截面抗剪能力验算需要根据《公路钢筋混凝土及预应力混凝土桥涵设计规范》(JTG D62—2004)进行,本章6.4.1节给出了单自由度反应谱法计算得到的各个排架墩地震力,施加到静力模型中可以得到各个墩柱的剪力需求值,各个排架墩的斜截面抗剪能力可通过《公路钢筋混凝土及预应力混凝土桥涵设计规范》(JTG D62—2004)中相关规定计算得到,表6.4-9和表6.4-10给出了各个排架墩在E2地震作用下斜截面抗剪能力验算结果,其中墩柱剪力需求值需要考虑1.5的折减系数。

纵桥向各排架墩斜截面抗剪验算表　　　　　　　表 6.4-9

排架墩	截面位置	剪力需求(kN)	抗剪能力(kN)	验算结果
P1	左墩底	441	2 513	通过
	中墩底	440	2 513	通过
	右墩底	439	2 513	通过
P2	左墩底	453	2 513	通过
	中墩底	452	2 513	通过
	右墩底	450	2 513	通过
P3	左墩底	432	2 513	通过
	中墩底	431	2 513	通过
	右墩底	429	2 513	通过

横桥向各排架墩斜截面抗剪验算表　　　　　　　表 6.4-10

排架墩	截面位置	剪力需求(kN)	抗剪能力(kN)	验算结果
P1	左墩	441	2 513	通过
	中墩	515	2 513	通过
	右墩	385	2 513	通过
P2	左墩	441	2 513	通过
	中墩	515	2 513	通过
	右墩	385	2 513	通过
P3	左墩	441	2 513	通过
	中墩	519	2 513	通过
	右墩	381	2 513	通过

(3) 基础

对于减隔震桥梁的承台基础，弯矩、剪力和轴力的设计值应根据减隔震装置传递的水平地震力，并考虑承台的贡献来计算，这里减隔震装置传递的水平地震力需要考虑 1.5 的折减系数。下面以 P1 排架墩为例，介绍其最不利单桩内力的计算和验算过程，其余各排架墩的计算和验算结果如表 6.4-11 和表 6.4-12 所示。

如图 6.4-1 所示，在进行桩基础内力计算时，作用于承台底的内力包含：①减隔震装置

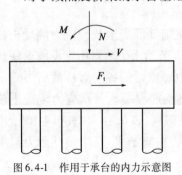

图 6.4-1　作用于承台的内力示意图

传递的水平地震力;②承台自身水平地震惯性力;③恒载作用力。

各排架墩单桩最不利截面抗弯能力验算表　　　　表6.4-11

地震动输入	排架号	最小轴力（kN）	剪力需求（kN）	弯矩需求（kN·m）	抗弯承载力（kN·m）	验算结果
纵桥向	P1	238	365	453	1 562	通过
	P2	−2	373	450	1 488	通过
	P3	−220	363	435	1 421	通过
横桥向	P1	1 618	385	760	1 962	通过
	P2	1 937	386	763	2 044	通过
	P3	1 653	383	758	1 972	通过

各排架墩单桩最不利截面竖向承载能力验算表　　　　表6.4-12

地震动输入	排架号	最大轴力(kN)	单桩竖向承载力(kN)	验算结果
纵桥向	P1	4 274	8 400	通过
	P2	3 946	8 400	通过
	P3	4 164	8 400	通过
横桥向	P1	2 894	8 400	通过
	P2	2 589	8 400	通过
	P3	2 873	8 400	通过

注:表中的单桩竖向承载力为考虑提高系数后的值。

①纵桥向单桩最不利内力计算

计算出减隔震装置传递的纵桥向水平力在 P1 排架墩承台顶的合力为:
$$V = 1\,980/1.5 = 1\,320(\text{kN})$$
$$M = 1\,320 \times 7 = 9\,240(\text{kN} \cdot \text{m})$$

承台自身的水平地震惯性力为:
$$F_t = m_t A = 221.5 \times 0.2 \times 9.8 \times 2.0 = 868(\text{kN})$$

作用于承台底的恒载作用力为:
$$N = 3\,375 \times 2 + 4\,614 + 221.5 \times 9.8 = 13\,535(\text{kN})$$

因此,承台底的组合轴力、剪力和弯矩分别为:
$$N = 13\,535\text{kN}$$
$$V = 1\,320 + 868 = 2\,188(\text{kN})$$
$$M = 868 \times 1 + 9\,240 + 1\,320 \times 2 = 12\,748(\text{kN} \cdot \text{m})$$

按照《公路桥涵地基与基础设计规范》(JTG D63—2007)可以计算得到 P1 排架

墩纵桥向单桩最不利内力值为：

$$N_{max} = 4\,274\text{kN}$$
$$N_{min} = 238\text{kN}$$
$$V = 365\text{kN}$$
$$M = 453\text{kN}\cdot\text{m}$$

②横桥向单桩最不利内力计算

计算出减隔震装置传递的横桥向水平力在P1排架墩承台顶的合力为：

$$V = 2\,011/1.5 = 1\,341(\text{kN})$$
$$M = 1\,341 \times 7 = 9\,387(\text{kN}\cdot\text{m})$$

承台自身的水平地震惯性力为：

$$F_t = m_t A = 221.5 \times 0.2 \times 9.8 \times 2.0 = 868(\text{kN})$$

作用于承台底的恒载作用力为：

$$N = 3\,375 \times 2 + 4\,614 + 221.5 \times 9.8 = 13\,535(\text{kN})$$

因此，承台底的组合轴力、剪力和弯矩分别为：

$$N = 13\,535\text{kN}$$
$$V = 1\,341 + 868 = 2\,307(\text{kN})$$
$$M = 868 \times 1 + 9\,387 + 1\,341 \times 2 = 12\,937(\text{kN}\cdot\text{m})$$

按照《公路桥涵地基与基础设计规范》(JTG D63—2007)可以计算得到P1排架墩横向单桩最不利内力值为：

$$N_{max} = 2\,894\text{kN}$$
$$N_{min} = 1\,618\text{kN}$$
$$V = 385\text{kN}$$
$$M = 760\text{kN}\cdot\text{m}$$

③最不利单桩抗弯承载力验算

根据《公路钢筋混凝土及预应力混凝土桥涵设计规范》(JTG D62—2004)的相关规定，考虑最不利荷载组合，即在单桩轴力最小时，根据实际的桩基础截面配筋，计算桩身的抗弯承载力，从而验算最不利单桩抗弯强度，如表6.4-11所示。

④最不利单桩竖向承载力验算

根据最大单桩轴力来验算单桩竖向承载力(表6.4-12)，单桩竖向承载力可以根据《公路桥涵地基与基础设计规范》(JTG D63—2007)的相关规定计算，这里作为已知条件直接给出，而且《规范》4.4.1条规定，E2地震作用下，在非液化土中，单桩的抗压承载力可以提高至原来的2倍。

(4)支座

根据《规范》9.4.2 条的规定,对橡胶型减隔震支座,E2 地震作用下产生的剪切应变必须在 250% 以下,并应校核其稳定性。根据本章 6.4.1 节的计算结果,对 E2 地震下纵横向铅芯橡胶支座的变形能力验算如下:

纵桥向:$D_d = 13.0 \text{(cm)} < 2.5H = 2.5 \times 23.2 = 58.0 \text{(cm)}$

横桥向:$D_d = 11.9 \text{(cm)} < 2.5H = 2.5 \times 23.2 = 58.0 \text{(cm)}$

由此可见,铅芯隔震支座的纵桥向和横桥向变形能力均满足要求。

(5)桥台

地震作用下,桥台横向和纵向不承受梁体传递的水平惯性力,因此水平向桥台只承受自身的地震惯性力和主动土压力,桥台的验算过程详见本书第 2 章规则桥的相关内容。

(6)盖梁

钢筋混凝土盖梁的验算根据《公路钢筋混凝土及预应力混凝土桥涵设计规范》(JTG D62—2004)进行,根据本章 6.4.1 节计算得到各个排架墩的地震力,施加到静力计算模型中得到盖梁的地震内力需求(考虑 1.5 的折减系数),与恒载内力组合后,得到盖梁关键截面的最不利内力需求,盖梁的正截面抗弯承载力和斜截面抗剪承载力根据《公路钢筋混凝土及预应力混凝土桥涵设计规范》(JTG D62—2004)的相关规定计算得到,图 6.4-2 给出了盖梁横桥向各个关键截面的编号,表 6.4-13 和表 6.4-14 给出了横桥向各个排架墩盖梁关键截面的验算结果。

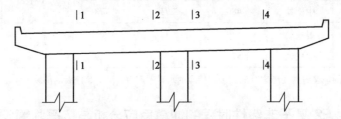

图 6.4-2 盖梁验算截面位置示意图

各排架墩盖梁关键截面正截面抗弯承载力验算表 表 6.4-13

排架号	盖梁截面	恒载弯矩 (kN·m)	地震弯矩 (kN·m)	弯矩需求值 (kN·m)	抗弯承载力 (kN·m)	验算结果
P1	1-1	2 115	1 373	3 488	10 940	通过
	2-2	2 011	903	2 914	10 940	通过
	3-3	2 011	857	2 868	10 940	通过
	4-4	2 111	1 261	3 372	10 940	通过

续上表

排架号	盖梁截面	恒载弯矩 (kN·m)	地震弯矩 (kN·m)	弯矩需求值 (kN·m)	抗弯承载力 (kN·m)	验算结果
P2	1-1	1 722	1 261	2 983	10 940	通过
	2-2	1 678	845	2 523	10 940	通过
	3-3	1 678	799	2 477	10 940	通过
	4-4	1 734	1 153	2 887	10 940	通过
P3	1-1	2 090	1 476	3 566	10 940	通过
	2-2	2 012	956	2 968	10 940	通过
	3-3	2 012	909	2 921	10 940	通过
	4-4	2 106	1 361	3 467	10 940	通过

注:表中的地震弯矩为考虑减隔震装置传递的水平地震力折减1.5倍后的值。

各排架墩盖梁截面斜截面抗剪强度验算表　　　　表6.4-14

排架号	盖梁截面	恒载剪力 (kN)	地震剪力 (kN)	剪力需求 (kN)	抗剪强度 (kN)	验算结果
P1	边柱处	573	316	889	5 817	通过
	中柱处	592	316	908		
P2	边柱处	472	293	765	5 817	通过
	中柱处	480	293	773		
P3	边柱处	570	338	908	5 817	通过
	中柱处	571	338	909		

注:表中的地震剪力为考虑减隔震装置传递的水平地震力折减1.5倍后的值。

6.5 E2 基于非线性时程的地震反应分析与抗震验算

6.5.1 非线性动力计算模型

根据《规范》9.3.1条的规定,减隔震桥梁水平地震力的计算,可以采用非线性动力时程分析法,在本章6.3.1节的基础上,建立减隔震桥梁的非线性动力模型,考虑铅芯橡胶支座的非线性力学特性,其恢复力模型采用双线性模型,见图6.3-2。

主梁、盖梁、桥墩模拟为空间梁单元;承台模拟为质量点;二期恒载模拟为线分布质量;桩基础采用6×6子结构刚度矩阵模拟桩土相互作用,土弹簧刚度根据 m 法确定；对于铅芯橡胶支座则采用双线性连接单元模拟其弹塑性本构关系。

6.5.2 地震反应

采用前述的三条地震加速度时程分别进行纵桥向和横桥向输入，对建立的动力计算模型进行非线性时程分析，地震反应分析结果取三条时程结果的最大值。表 6.5-1 ~ 表 6.5-8 分别列出了纵桥向和横桥向墩柱关键截面内力、承台底内力、单桩最不利内力以及铅芯橡胶支座的反应的最大值。

纵桥向各排架墩关键截面内力表 表 6.5-1

排架号	截面位置	墩柱截面地震内力		
		轴力(kN)	剪力(kN)	弯矩(kN·m)
P1	左柱底	46	770	5 087
	中柱底	64	757	5 067
	右柱底	46	755	5 065
P2	左柱底	14	808	4 895
	中柱底	21	795	4 879
	右柱底	14	793	4 876
P3	左柱底	48	720	5 188
	中柱底	65	710	5 163
	右柱底	48	709	5 166

横桥向各排架墩关键截面内力表 表 6.5-2

排架号	截面位置	墩柱截面地震内力		
		轴力(kN)	剪力(kN)	弯矩(kN·m)
P1	左柱底	864	944	2 579
	中柱底	17	853	2 416
	右柱底	847	814	2 348
	左柱顶	857	899	2 348
	中柱顶	17	807	2 156
	右柱顶	839	767	2 135
P2	左柱底	848	951	2 368
	中柱底	18	852	2 208
	右柱底	830	812	2 144

续上表

排架号	截面位置	墩柱截面地震内力		
		轴力(kN)	剪力(kN)	弯矩(kN·m)
P2	左柱顶	842	909	2 137
	中柱顶	18	808	1 979
	右柱顶	823	766	1 943
P3	左柱底	873	931	2 771
	中柱底	16	847	2 607
	右柱底	858	811	2 536
	左柱顶	865	883	2 536
	中柱顶	16	798	2 344
	右柱顶	850	760	2 318

纵桥向承台底最大内力响应表　　　　表 6.5-3

排架号	承台底地震内力		
	轴力(kN)	剪力(kN)	弯矩(kN·m)
P1	162	3 009	19 638
P2	51	3 091	19 524
P3	166	2 886	19 767

横桥向承台底最大内力响应表　　　　表 6.5-4

排架号	承台底地震内力		
	轴力(kN)	剪力(kN)	弯矩(kN·m)
P1	4	3 818	25 375
P2	5	3 948	24 610
P3	5	3 534	25 995

纵桥向最不利单桩内力响应表　　　　表 6.5-5

排架号	最不利单桩地震内力		
	轴力(kN)	剪力(kN)	弯矩(kN·m)
P1	3 005	502	648
P2	2 994	515	656
P3	2 990	481	636

横桥向最不利单桩内力响应表 表6.5-6

排架号	最不利单桩地震内力		
	轴力(kN)	剪力(kN)	弯矩(kN·m)
P1	1 143	636	1 254
P2	1 126	658	1 299
P3	1 144	589	1 157

纵桥向支座的最大地震响应表 表6.5-7

排架号	支座地震反应	
	剪切变形(m)	剪力(kN)
P1	0.099	267
P2	0.103	271
P3	0.094	260

注:支座数据来自每个排架墩上反应值最大的支座。

横桥向支座的最大地震响应表 表6.5-8

排架号	支座地震反应	
	剪切变形(m)	剪力(kN)
P1	0.115	287
P2	0.103	287
P3	0.115	287

注:支座数据来自每个排架墩上反应值最大的支座。

6.5.3 抗震验算

同样,根据《规范》9.4.1条和9.4.2条的规定,E2地震作用下,桥梁墩台与基础的验算,应将减隔震装置传递的水平地震力除以1.5的折减系数后,并与恒载内力进行组合,得到各控制截面的最不利内力。对于橡胶型减隔震支座,E2地震作用下产生的剪切应变必须在250%以下,并应校核其稳定性。

在进行E2地震作用下抗震验算时,本桥的荷载组合主要是恒载与地震荷载的组合。由于桥梁墩柱为偏心受压构件,其恒载与地震作用的最不利组合为①轴力为恒载轴力减去地震轴力;②弯矩为恒载弯矩与地震弯矩之和。

(1)桥墩抗弯验算

①恒载内力以及最不利荷载组合

计算出的各墩的恒载内力以及恒载与地震内力最不利组合如表6.5-9和表6.5-10所示。

纵桥向各排架墩关键截面最不利内力组合表　　　表 6.5-9

排架号	截面位置	恒载轴力(kN)	地震轴力(kN)	最不利轴力(kN)	恒载弯矩(kN·m)	地震弯矩(kN·m)	最不利弯矩(kN·m)
P1	左墩底	3 375	46	3 329	11	3 391	3 402
P1	中墩底	4 614	64	4 550	11	3 378	3 389
P1	右墩底	3 375	46	3 329	11	3 377	3 388
P2	左墩底	2 842	14	2 828	0	3 263	3 263
P2	中墩底	3 979	21	3 958	0	3 253	3 253
P2	右墩底	2 842	14	2 828	0	3 251	3 251
P3	左墩底	3 421	48	3 373	12	3 459	3 471
P3	中墩底	4 566	65	4 501	12	3 442	3 454
P3	右墩底	3 421	48	3 373	12	3 444	3 456

注:表中的地震弯矩考虑了减隔震装置传递水平地震力除以1.5的折减系数。

横桥向各排架墩关键截面最不利内力组合表　　　表 6.5-10

排架号	截面位置	恒载轴力(kN)	地震轴力(kN)	最不利轴力(kN)	恒载弯矩(kN·m)	地震弯矩(kN·m)	最不利弯矩(kN·m)
P1	左墩底	3 375	864	2 511	6	2 579	2 585
P1	中墩底	4 614	17	4 597	0	2 416	2 416
P1	右墩底	3 375	847	2 528	6	2 348	2 354
P1	左墩顶	3 154	857	2 297	6	2 348	2 354
P1	中墩顶	4 029	17	4 012	0	2 156	2 156
P1	右墩顶	3 154	839	2 315	6	2 135	2 141
P2	左墩底	2 842	848	1 994	6	2 368	2 374
P2	中墩底	3 979	18	3 961	0	2 208	2 208
P2	右墩底	2 842	830	2 012	6	2 144	2 150
P2	左墩顶	2 627	842	1 785	6	2 137	2 143
P2	中墩顶	3 421	18	3 403	0	1 979	1 979
P2	右墩顶	2 627	823	1 804	6	1 943	1 949
P3	左墩底	3 421	873	2 548	5	2 771	2 776
P3	中墩底	4 566	16	4 550	0	2 607	2 607
P3	右墩底	3 421	858	2 563	5	2 536	2 541
P3	左墩顶	3 178	865	2 313	5	2 536	2 541
P3	中墩顶	3 984	16	3 968	0	2 344	2 344
P3	右墩顶	3 178	850	2 328	5	2 318	2 323

注:表中的地震弯矩考虑了减隔震装置传递水平地震力除以1.5的折减系数。

②墩柱抗弯承载能力计算

按《公路钢筋混凝土及预应力混凝土桥涵设计规范》(JTG D62—2004)中偏心受压构件承载能力计算公式,计算出的各墩柱关键截面抗弯承载能力如表 6.5-11和表 6.5-12 所示。

纵桥向地震作用下墩柱抗弯强度检算表　　　　　表 6.5-11

排架号	截面位置	最不利轴力 (kN)	最不利弯矩 (kN·m)	等效屈服弯矩 (kN·m)	验算结果
P1	左墩底	3 329	3 402	5 053	通过
	中墩底	4 550	3 389	5 512	通过
	右墩底	3 329	3 388	5 053	通过
P2	左墩底	2 828	3 263	4 861	通过
	中墩底	3 958	3 253	5 297	通过
	右墩底	2 828	3 251	4 861	通过
P3	左墩底	3 373	3 471	5 070	通过
	中墩底	4 501	3 454	5 495	通过
	右墩底	3 373	3 456	5 070	通过

横桥向地震作用下墩柱抗弯强度检算表　　　　　表 6.5-12

排架号	截面位置	最不利轴力 (kN)	最不利弯矩 (kN·m)	等效屈服弯矩 (kN·m)	验算结果
P1	左墩底	2 511	2 585	4 743	通过
	中墩底	4 597	2 416	5 528	通过
	右墩底	2 528	2 354	4 749	通过
	左墩顶	2 297	2 354	4 659	通过
	中墩顶	4 012	2 156	5 319	通过
	右墩顶	2 315	2 141	4 667	通过
P2	左墩底	1 994	2 374	4 545	通过
	中墩底	3 961	2 208	5 297	通过
	右墩底	2 012	2 150	4 551	通过
	左墩顶	1 785	2 143	4 461	通过
	中墩顶	3 403	1 979	5 081	通过
	右墩顶	1 804	1 949	4 468	通过

续上表

排架号	截面位置	最不利轴力（kN）	最不利弯矩（kN·m）	等效屈服弯矩（kN·m）	验算结果
P3	左墩底	2 548	2 776	4 756	通过
	中墩底	4 550	2 607	5 512	通过
	右墩底	2 563	2 541	4 761	通过
	左墩顶	2 313	2 541	4 666	通过
	中墩顶	3 968	2 344	5 301	通过
	右墩顶	2 328	2 323	5 053	通过

③验算

由表6.5-9和表6.5-10可以看出,在最不利轴力作用下,各墩柱关键截面抗弯承载力均满足规范要求。

(2)桥墩抗剪

桥墩的斜截面抗剪能力验算需要根据《公路钢筋混凝土及预应力混凝土桥涵设计规范》(JTG D62—2004)进行,本章6.5.2节给出了非线性时程分析得到的墩底剪力需求值,各个排架墩的斜截面抗剪能力可通过《公路钢筋混凝土及预应力混凝土桥涵设计规范》(JTG D62—2004)中相关规定计算得到,表6.5-13和表6.5-14给出了各排架墩在E2地震作用下斜截面抗剪能力验算结果,其中墩底剪力需求值需要考虑1.5的折减系数。

纵桥向各排架墩斜截面抗剪验算表 表6.5-13

排架墩	截面位置	剪力需求(kN)	抗剪能力(kN)	验算结果
P1	左墩底	513	2 513	通过
	中墩底	505	2 513	通过
	右墩底	503	2 513	通过
P2	左墩底	539	2 513	通过
	中墩底	530	2 513	通过
	右墩底	529	2 513	通过
P3	左墩底	480	2 513	通过
	中墩底	473	2 513	通过
	右墩底	473	2 513	通过

注:表中的剪力需求考虑了减隔震装置传递水平地震力除以1.5的折减系数。

(3)基础

根据表6.5-3和表6.5-4中纵桥向和横桥向承台底最大内力响应的计算结

果,考虑减隔震装置传递的水平力 1.5 的折减系数,根据《公路桥涵地基与基础设计规范》(JTG D63—2007)计算出单桩最不利内力地震响应,与单桩恒载内力组合后,验算单桩在最不利轴力作用下的抗弯承载力以及单桩的竖向承载力。在验算单桩的竖向承载力时,根据《规范》4.4.1 条的规定,E2 地震作用下,非液化土中,单桩的抗压承载能力可以提高至原来的 2 倍。

横桥向各排架墩斜截面抗剪验算表　　　表 6.5-14

排架墩	截面位置	剪力需求(kN)	抗剪能力(kN)	验算结果
P1	左墩底	629	2 513	通过
P1	中墩底	569	2 513	通过
P1	右墩底	543	2 513	通过
P2	左墩底	599	2 513	通过
P2	中墩底	538	2 513	通过
P2	右墩底	511	2 513	通过
P3	左墩底	634	2 513	通过
P3	中墩底	568	2 513	通过
P3	右墩底	541	2 513	通过

注:表中的剪力需求考虑了减隔震装置传递水平地震力除以 1.5 的折减系数。

各排架墩上最不利单桩抗弯能力验算结果和单桩竖向承载力验算结果见表 6.5-15 和表 6.5-16。

各排架墩最不利单桩抗弯能力验算表　　　表 6.5-15

地震动输入	排架号	恒载轴力(kN)	地震轴力(kN)	最不利轴力(kN)	弯矩需求(kN·m)	抗弯承载力(kN·m)	验算结果
纵桥向	P1	2 118	2 003	115	432	1 457	通过
纵桥向	P2	2 109	1 996	113	437	1 454	通过
纵桥向	P3	2 126	1 993	133	424	1 479	通过
横桥向	P1	2 118	762	1 356	836	1 818	通过
横桥向	P2	2 109	751	1 358	866	1 821	通过
横桥向	P3	2 126	763	1 363	771	1 831	通过

注:表中的地震内力考虑了减隔震装置传递水平地震力除以 1.5 的折减系数。

(4)支座

《规范》9.4.2 条规定,对于橡胶型减隔震支座,E2 地震作用下产生的剪切应变必须在 250% 以下,并应校核其稳定性。根据表 6.5-7 和表 6.5-8 关于铅芯橡胶支座最大响应的时程计算结果,支座的容许剪切变形为橡胶层厚度的 2.5 倍,表 6.5-17 列出了各个排架墩上最不利支座位移验算结果。

各排架墩单桩竖向承载力验算表　　　　　　　　　　表 6.5-16

地震动输入	排架号	最大轴力(kN)	单桩竖向承载力(kN)	验算结果
纵桥向	P1	54	8 400	通过
	P2	4 105	8 400	通过
	P3	4 119	8 400	通过
横桥向	P1	2 880	8 400	通过
	P2	2 860	8 400	通过
	P3	2 889	8 400	通过

注:表中的单桩竖向承载力为考虑提高系数 2.0 后的值。

纵桥向地震作用下支座变形验算　　　　　　　　　　表 6.5-17

地震动输入	墩号	支座剪切变形(m)	支座容许剪切变形(m)	验算结果
纵桥向	P1	0.099	0.580	通过
	P2	0.103	0.580	通过
	P3	0.094	0.580	通过
横桥向	P1	0.115	0.580	通过
	P2	0.103	0.580	通过
	P3	0.115	0.580	通过

(5) 桥台

桥台的抗震验算见 6.4.2 节。

(6) 盖梁

钢筋混凝土盖梁的验算根据《公路钢筋混凝土及预应力混凝土桥涵设计规范》(JTG D62—2004)进行,盖梁的各个关键截面的地震内力需求根据非线性时程结果计算得到,并且需要考虑减隔震装置传递的水平地震力折减 1.5 倍,与恒载内力组合后,得到关键截面的最不利内力需求。盖梁的正截面抗弯承载力和斜截面抗剪承载力根据《公路钢筋混凝土及预应力混凝土桥涵设计规范》(JTG D62—2004)的相关规定计算得到,图 6.4-2 给出了盖梁横桥向各关键截面的编号,表 6.5-18 和表 6.5-19 给出了横桥向各个排架墩盖梁关键截面的验算结果。

各排架墩盖梁关键截面正截面抗弯承载力验算表　　　　表 6.5-18

排架号	盖梁截面	恒载弯矩 （kN·m）	地震弯矩 （kN·m）	弯矩需求值 （kN·m）	抗弯承载力 （kN·m）	验算结果
P1	1-1	2 115	1 411	3 526	10 940	通过
	2-2	2 011	1 005	3 016	10 940	通过
	3-3	2 011	1 003	3 014	10 940	通过
	4-4	2 111	1 308	3 419	10 940	通过
P2	1-1	1 722	1 339	3 061	10 940	通过
	2-2	1 678	937	2 615	10 940	通过
	3-3	1 678	935	2 613	10 940	通过
	4-4	1 734	1 233	2 967	10 940	通过
P3	1-1	2 090	1 478	3 568	10 940	通过
	2-2	2 012	1 063	3 075	10 940	通过
	3-3	2 012	1 061	3 073	10 940	通过
	4-4	2 106	1 372	3 478	10 940	通过

注：表中的地震弯矩考虑了减隔震装置传递水平地震力除以 1.5 的折减系数。

各排架墩盖梁截面斜截面抗剪强度验算表　　　　表 6.5-19

排架号	盖梁截面	恒载剪力 （kN）	地震剪力 （kN）	剪力需求 （kN）	抗剪强度 （kN）	验算结果
P1	边柱处	573	1 089	1 662	5 817	通过
	中柱处	592	424	1 016		
P2	边柱处	472	1 041	1 513	5 817	通过
	中柱处	480	399	879		
P3	边柱处	570	1 133	1 703	5 817	通过
	中柱处	571	447	1 018		

注：表中的地震剪力考虑了减隔震装置传递水平地震力除以 1.5 的折减系数。

参 考 文 献

[1] 中华人民共和国行业标准. CJJ 199—2011 城市桥梁抗震设计规范. 北京：中国建筑工业出版社, 2011.
[2] 范立础. 桥梁抗震. 上海：同济大学出版社, 1997.
[3] 叶爱君, 管仲国. 桥梁抗震. 3 版. 北京：人民交通出版社股份有限公司, 2017.